汽车机械基础研究

李静松 任 婧 著

哈尔滨出版社
HARBIN PUBLISHING HOUSE

图书在版编目（CIP）数据

汽车机械基础研究／李静松，任婧著. -- 哈尔滨：
哈尔滨出版社，2025. 1. -- ISBN 978-7-5484-8047-1

Ⅰ. U463

中国国家版本馆 CIP 数据核字第 2024F4F197 号

书　　名：**汽车机械基础研究**
QICHE JIXIE JICHU YANJIU

作　　者：李静松　任　婧　著

责任编辑：李金秋

出版发行：哈尔滨出版社（Harbin Publishing House）

社　　址：哈尔滨市香坊区泰山路 82-9 号　　邮编：150090

经　　销：全国新华书店

印　　刷：北京虎彩文化传播有限公司

网　　址：www. hrbcbs. com

E - mail：hrbcbs@ yeah. net

编辑版权热线：（0451）87900271　87900272

销售热线：（0451）87900202　87900203

开　　本：787mm×1092mm　1/16　印张：13.25　字数：237 千字

版　　次：2025 年 1 月第 1 版

印　　次：2025 年 1 月第 1 次印刷

书　　号：ISBN 978-7-5484-8047-1

定　　价：68.00 元

凡购本社图书发现印装错误，请与本社印制部联系调换。

服务热线：（0451）87900279

前　言

随着科技的飞速发展，汽车已经成为人们生活中不可或缺的交通工具。它不仅代表着现代化的生活方式，更是国家工业技术水平的集中体现。在汽车工业中，机械基础研究占据着至关重要的地位。它不仅是汽车设计和制造的基础，也是提升汽车性能、安全性及舒适性的关键因素。汽车机械基础研究涵盖了许多重要的领域。例如，对汽车材料的研究，可以更好地利用新型材料，提升汽车的耐久性和轻量化；对汽车结构的深入研究，能够进一步优化车身结构，提高汽车的安全性能和燃油效率；对汽车零部件的研究，能够为汽车的稳定运行提供有力保障。随着智能化和电动化趋势的发展，汽车机械基础研究也需要不断拓展新的领域。汽车机械基础研究是推动汽车工业发展的重要力量。只有不断深入这一领域进行研究，我们才能不断推动汽车技术的进步，满足人们日益增长的出行需求。同时，我们也应该意识到，这一研究是一个系统工程，需要多学科的交叉融合。因此，我们呼吁更多的学者和工程师加入这一研究中来，共同为汽车工业的发展做出贡献。

本书一共分为七个章节，主要以汽车机械基础为研究基点，通过本书的介绍让读者对当代汽车机械基础发展以及应用有更加清晰的了解，进一步摸清当前汽车机械基础的发展脉络，为汽车机械的研究提供更加广阔的空间。本书以汽车机械基础为研究，分别对汽车机械基础知识、力学基础知识、汽车常用机构、汽车常见机构的受力与承载力、汽车机械传动、液压与气压传动、汽车常用材料进行研究，使理论精简易懂，将机械基础知识与汽车进行有机结合，调动学生的兴趣和积极性，从而达到培养学生分析问题和解决问题的能力。

目　　录

第一章　汽车机械基础知识

第一节　机械的定义及分类

一、机械的定义

"机械"这个词汇,在我国古代就已经出现。在那个遥远的时代,人们用木头制作一些工具,帮助自己完成诸如抬重等动作,这些工具被称为"机械"。这一称呼不仅体现了古代人民的智慧,也展示了他们对于利用工具提高生产效率的渴望。

随着时代的变迁和科技的进步,机械的定义和范围也在不断地扩大和深化。在现代,机械不再仅仅是用木头制作的简单工具,而是指能够完成特定功能的设备或装置。这些机械设备可以由各种零件组装和配合而成,能够实现自动或手动操作的装置。它们广泛应用于各个领域,极大地提高了生产效率和生活质量。

根据不同的分类标准,机械可以被划分为多种类型。按照用途来分类,机械可以分为农业机械、工业机械、医疗机械等。在农业生产中,机械可以帮助农民完成耕种、播种、收割等繁重的工作,提高农业生产效率。在工业生产中,机械则承担着加工、制造、运输等任务,是工业生产不可或缺的重要组成部分。在医疗领域,机械可以帮助医生进行诊断、治疗等操作,提高医疗水平和效率。

按照原理来分类,机械可以分为热力机械、液压机械、电动机械等。热力机械利用燃料燃烧产生的热能来驱动机器运转,如蒸汽机、内燃机等。液压机械则利用液体的压力来传递能量和驱动机器运转,如液压泵、液压马达等。电动机械则利用电能来驱动机器运转,如电动机、发电机等。这些类型的机械在各自的领域中发挥着重要的作用。

除了按照用途和原理进行分类外,机械还可以按照结构进行分类。根据结构的不同,机械可以分为单机、机组和装置等。单机是指一个独立的机械设备,能够完成一项或多项特定的功能。机组则是由多个单机组合而成,共同完成一项复杂的任务。装置则是指一套完整的机械设备系统,包括主机、辅机、控制系统等部分,能够实现一项完整的生产流程或服务功能。

在现代社会中,机械设备已经成为各个领域不可或缺的重要组成部分。无论是工业生产、农业生产、交通运输还是医疗卫生等领域,都需要大量的机械设备来支撑和发展。随着科技的不断进步和创新,机械设备的性能和功能也在不断地提高和完善,为人类的生产和生活带来了更多的便利和福祉。"机械"这个古老的词汇在现代社会中焕发出了新的生机和活力。它不仅承载着古代人民的智慧和创造力,也展示了现代科技的发展和进步。在未来的发展中,我们有理由相信,机械设备将会继续发挥着重要的作用,为人类的生产和生活带来更多的便利和创新。

二、机械的分类

(一)农业机械

农业机械是指在农业生产中使用的各种机械设备,如拖拉机、收割机、灌溉机等。这些机械的用途各不相同,但都是为了提高农业生产效率、减轻劳动强度和增加农作物产量。农业机械的发展对于推进农业现代化进程和提高农民收入具有重要意义。

随着科技的不断发展,农业机械也在不断地更新换代,以适应现代农业生产的需要。现代农业机械不仅提高了生产效率,而且具有许多智能化的功能,如自动控制、卫星定位、精准施肥等。这些功能使得农业机械能够更好地适应不同的土壤、气候和作物条件,提高农作物的质量和产量。

拖拉机是农业生产中最为常见的机械之一,它能够进行耕地、播种、施肥、除草和收割等多种作业。拖拉机的出现极大地提高了农业生产的效率,减轻了农民的劳动强度。现代拖拉机还配备了各种智能化的设备,如自动驾驶、智能控制等,使得农民可以更加轻松地完成各种农业生产任务。收割机也是农业生产中不可或缺的机械之一。传统的收割方式需要大量的人工,而收割机的出现则大大提高了收割效率。现代收割机不仅可以快速地完成收割任务,还可以进行秸秆粉碎、粮食烘干等多种作业。这不仅提高了收割效率,还为农民提供了更多的服务,增加了农民的收入。

灌溉机是农业生产中不可或缺的机械之一。在干旱地区或季节,灌溉成为农作物生长的关键因素。传统的灌溉方式需要大量的人工,而灌溉机的出现则大大提高了灌溉效率和质量。现代灌溉机可以通过智能化设备进行精确控制,根据作物的需水情况实现自动化的灌溉,避免了水资源的浪费。

农业机械在提高农业生产效率的同时,也为农民带来了更多的收益。通过使用农业机械,农民可以减少对劳动力的依赖,提高生产效率和质量。这不仅可以降低生产成本,还可以提高农作物的产量和品质,提高农民的收入水平。此外,农业机械的发展也推动了农业技术的进步和创新。农业机械的设计和制造需要考虑到各种农艺要求和作物条件,这推动了农业科技的不断完善和创新。农业机械也促进了农业生产的专业化和规模化,提高了农业生产的效益和竞争力。未来,随着科技的不断发展和创新,农业机械将会更加智能化和高效化,为农业生产带来更多的便利和创新。

(二)工业机械

工业机械是指在工业生产中使用的各种机械设备,如机床、泵、压缩机、输送设备等。这些机械在制造业、化工、能源等领域中发挥着至关重要的作用,是实现工业自动化的重要基础。

在制造业中,工业机械是实现生产过程自动化的重要工具。机床是制造业中基本的机械设备之一,它能够进行金属或非金属材料的切削、磨削、钻孔等多种加工操作。随着技术的不断进步,数控机床、加工中心等高端机床的出现,使得机械加工精度和效率得到了极大的提高。这不仅提高了产品的质量和性能,还为制造业的转型升级提供了强有力的支持。

泵和压缩机是化工和能源领域中必不可少的机械设备。泵能够输送液体,是化工流程中的关键设备之一。压缩机的功能则是将气体压缩,为各种气体处理和输送提供动力。随着技术的不断发展,高效节能型泵和压缩机的出现,使得化工和能源领域的生产效率得到了极大的提高。这不仅降低了生产成本,还为环保和可持续发展做出了贡献。

输送设备是实现物料输送的关键机械。在现代化的生产线中,输送设备能够实现自动化、高效化的物料输送,为生产线的连续运转提供保障。输送设备种类繁多,包括皮带输送机、斗式提升机、螺旋输送机等。这些设备的设计和制造需要考虑到各种因素,如输送物料的特点、输送距离和高度、设备的可靠性和安全性等。

除了上述机械设备,工业机械还包括许多其他类型的设备,如制冷设备、工业炉窑、包装机械等。这些设备在各自的领域中发挥着重要的作用,为工业生产的自动化和智能化做出了贡献。

工业机械的发展与工业生产的发展密切相关。随着工业生产的不断扩大和升级,对工业机械的需求也在不断增加。为了满足市场需求,工业机械制造业需要不断完善和创新,提高机械的性能和质量,推动工业生产的可持续发展。

一方面,工业机械制造业需要加强技术研发和创新,推动高端装备的国产化进程。通过二次创新的方式,提高国内工业机械的制造水平和竞争力。同时,还需要加强产学研合作,推动科技成果的转化和应用,为工业生产的转型升级提供强有力的技术支持。

另一方面,工业机械制造业需要加强质量管理和服务体系建设,提高客户满意度。质量是产品的生命线,只有高品质的产品才能赢得市场的认可和客户的信任。同时,完善的服务体系也是提高客户满意度的重要保障,能够为客户提供全方位的服务支持和技术解决方案。

工业机械是实现工业自动化的重要基石,对于提高工业生产效率和产品质量具有不可替代的作用。未来,随着工业生产的不断升级和技术创新的发展,工业机械制造业需要不断加强技术研发、质量管理和服务体系建设等方面的工作,以适应市场需求的变化和推动工业生产的可持续发展。

(三)交通机械

交通机械,作为交通运输领域中的核心组成部分,涵盖了汽车、火车、飞机等诸多机械设备。这些机械设备不仅是现代交通运输的基石,也是社会进步和经济发展的重要驱动力。交通机械的发展不仅提升了运输效率,更在安全性、舒适性和环保性方面实现了显著的提升,对于推进交通运输的现代化和便利化起到了举足轻重的作用。

首先,汽车作为最常见的交通机械,它的普及和发展极大地改变了人们的出行方式和生活方式。从早期的内燃机汽车到现在的电动汽车、智能汽车,汽车技术的进步不仅提高了行驶速度和行驶里程,还在安全性和舒适性方面取得了显著的进步。例如,现代汽车配备了各种主动安全技术,如刹车辅助、车道保持等,大大降低了交通事故的发生率。同时,电动汽车的推广也减少了尾气排放,有利于环境保护。

火车作为陆上交通运输的主要工具,具有运量大、成本低、安全性高等优点。

随着高速铁路的发展,火车的运行速度得到了极大的提升,使得城市间的快速通勤成为可能。同时,火车的运载能力也在不断提升,能够满足大宗货物和大量旅客的运输需求。此外,火车还在环保方面有着显著的优势,尤其是电力驱动的火车,能够实现零排放,符合可持续发展的要求。

飞机作为空中交通运输的工具,具有速度快、距离远、灵活性高等特点。随着航空技术的不断进步,飞机的性能和安全性得到了显著的提升。现代飞机采用了先进的材料、技术和制造工艺,使得飞机能够在更高、更远、更快的环境中安全飞行。同时,飞机的舒适性也得到了极大的改善,为乘客提供了更加愉悦的飞行体验。

除了上述主要的交通机械外,还有许多其他类型的交通机械设备在各自的领域中发挥着重要的作用。例如,船舶作为水上交通运输的主要工具,承担着大量的国际贸易和人员运输任务;地铁和轻轨作为城市内部交通运输的主要方式,为缓解城市交通拥堵提供了有效的解决方案;电动自行车和电动滑板车等新型交通工具则为短途出行提供了便捷的选择。

交通机械的发展不仅提高了交通运输的效率和质量,也推动了相关产业和技术的进步。例如,汽车产业的发展不仅促进了机械制造、电子技术等行业的进步,还催生了智能交通、车联网等新兴领域的发展;航空产业的发展则推动了航空材料、航空电子等高端制造业的发展。

然而,交通机械的发展也面临着一些挑战和问题。例如,随着交通机械的增多和使用频率的增加,交通拥堵和交通事故等问题也日益严重;同时,交通机械的污染物排放也对环境造成了一定的污染。因此,在推进交通机械发展的同时,也需要加强交通安全管理、推动绿色出行等方面的工作。交通机械是现代交通运输的重要组成部分和驱动力。随着科技的不断进步和社会的发展需求变化,交通机械将会继续向着更加高效、安全、环保的方向发展。

三、机械的原理与结构

(一)热力机械

热力机械作为能源转换与利用的重要工具,利用热能来转换和传递能量,为各种工业生产和人类生活提供动力。其基本原理是利用燃料或其他能源产生的热量来推动机器运转,从而实现能量的转换和利用。热力机械在能源、交通运输、工业生产等领域中广泛应用,是现代社会不可或缺的重要机械设备。

蒸汽机作为最早的热力机械,它的出现标志着人类对热能应用的开始。蒸汽机利用燃料燃烧产生的热能将水加热转化为蒸汽,蒸汽推动活塞或转子运动,从而驱动机器运转。蒸汽机的发明和应用,极大地推动了工业革命的发展,成为当时主要的动力源。

随着科技的不断进步,内燃机得到了发展和应用。内燃机采用燃料在封闭空间内燃烧的方式,产生的燃气推动活塞或转子运动,从而使机器运转。内燃机的效率更高、体积更小、移动性更强,广泛应用于汽车、飞机、船舶等交通运输工具中。

除了蒸汽机和内燃机,热力机械还包括燃气轮机、汽轮机等。燃气轮机是一种以燃气为工作物质的旋转式动力装置,其工作原理是燃料在高温高压下燃烧产生燃气,燃气驱动涡轮旋转,进而带动压气机和发电机等旋转机械的运转。汽轮机则是利用高温高压蒸汽驱动转子旋转的机械,主要用于发电和热力生产等领域。

热力机械的发展与应用对于能源的转换和利用具有重要作用。首先,热力机械能够将化石燃料等低品质能源转化为机械能或电能等高品质能源,提高了能源的利用效率。其次,热力机械的应用实现了对大规模热能的集中利用和传输,提高了能源利用的安全性和可靠性。此外,热力机械的发展也推动了相关产业和技术进步,如材料科学、制造工艺、控制系统等。

然而,热力机械的应用也面临着一些挑战和问题。一是能源消耗和环境污染问题。热力机械的运转需要消耗大量能源,同时排放的废气和烟尘也对环境造成了污染。因此,需要采取节能减排措施和环保技术,推动热力机械的绿色发展。二是能效和稳定性问题。热力机械的能效和稳定性受到多种因素的影响,如设计、制造、运行和维护等。需要加强技术研发和创新,提高水力机械的能效和稳定性,降低运行成本和维护难度。

未来,随着新能源和可再生能源的发展,热力机械的应用领域将进一步扩大。例如,太阳能光热发电和风能发电等可再生能源的开发利用需要大型热力机械进行能量转换和传输;同时,新能源汽车的发展也需要高性能的热力机械作为动力源。因此,加强热力机械的技术研发和创新,提高其能效、环保性能和可靠性是未来发展的重要方向。

（二）液压机械

液压机械,作为一种重要的传动方式,利用液体压力来传递能量,广泛应用于各种机械设备中。其基本原理是利用液体的压力差来驱动机器运转,从而实现能量的转换和利用。液压机械具有输出扭矩大、传动平稳、易于实现自动化控制等优点,因此在制造业、建筑业、农业等领域中得到了广泛应用。

液压泵是液压机械中的核心元件,它能够将原动机的机械能转换为液体的压力能,为整个液压系统提供动力。液压泵的工作原理是利用密封容积的变化来吸入和排出液体。当密封容积减小,产生较高的压力,推动液压执行元件运动;当密封容积增大,产生较低的压力,吸入液压执行元件所需的液体。

液压马达是液压机械中的另一种重要元件,它能够将液体的压力能转换为机械能,驱动机器运转。液压马达的工作原理与液压泵相反,它是通过密封容积的变化来产生旋转运动,从而输出扭矩。液压马达的特点是低速稳定性好、调速范围广、易于实现自动化控制等,因此在各种机械设备中得到了广泛应用。

除了液压泵和液压马达,液压机械还包括各种阀、管道、接头等辅助元件,这些元件的作用是控制液体的流动方向、压力和流量等参数,以保证机器的正常运转。

液压机械的应用非常广泛。在制造业中,液压机械被用于机床、注塑机、压铸机等各种设备的传动系统中,能够实现高精度、高效率的加工;在建筑业中,液压机械被用于挖掘机、起重机、推土机等各种工程车辆中,能够实现重载、低速的作业;在农业中,液压机械被用于拖拉机、收割机等各种农用机械中,能够实现高效、精准地作业。

液压机械的发展与工业现代化进程密切相关。随着科技的不断发展,液压机械的技术也在不断进步和完善。例如,新型的液压材料和密封材料的使用提高了液压系统的可靠性和寿命;智能化的液压控制系统的发展使得液压机械能够更好地适应各种复杂的工作环境和作业要求;环保型的液压油和节能型的液压元件的开发使得液压机械更加环保和节能。

然而,液压机械也存在一些问题和挑战。一方面,液压系统的维护和保养比较复杂,需要专业的技术和设备;另一方面,液压系统的油液温度和污染等问题也需要进行有效的控制和解决。

(三)电动机械

电动机械,作为现代工业和科技的重要代表,利用电能来转换和传递能量,为各种机械设备提供动力。其基本原理是利用电磁感应原理,通过磁场和导线的相互作用产生电流,从而驱动机器运转。电动机械具有高效、环保、可远程控制等优点,广泛应用于工业生产、交通运输、家用电器等领域。

电动机,作为电动机械中的核心元件,能够将电能转换为机械能,驱动机器运转。其工作原理基于法拉第电磁感应定律,通过磁场和导线的相对运动产生电流,从而产生转矩,驱动电动机旋转。电动机的种类繁多,如直流电动机、交流电动机、步进电动机等,可根据不同的应用需求选择不同类型的电动机。

发电机是电动机械中的另一种重要元件,能够将机械能转换为电能。发电机的工作原理与电动机相反,它是通过转子在磁场中旋转,使导线切割磁力线产生感应电动势,从而输出电能。发电机的种类也很多,如水力发电机、风力发电机、汽轮发电机等,可根据不同的能源类型和需求选择合适的发电机。

除了电动机和发电机,电动机械还包括各种控制器、传感器、执行器等元件。控制器的作用是控制电动机的启动、停止、转向和速度等参数;传感器的作用是检测机器的状态和参数,如温度、压力、速度等;执行器的作用是根据控制信号执行相应的动作,如伺服电机、步进电机等。

电动机械的应用非常广泛。在工业生产中,电动机被用于各种生产设备和自动化生产线中,能够实现高效、精准的加工和生产;在交通运输中,电动机械被用于电动汽车、电轨列车、船舶和飞机等交通工具中,能够实现低噪声、低排放、低能耗的环保出行;在家用电器中,电动机械被用于各种电器设备中,如空调、冰箱、洗衣机等,能够实现智能化、便捷化的生活。电动机械的发展与电力技术和电子技术的发展密切相关。随着科技的不断发展,电动机械的技术也在不断进步和完善。例如,新型的电机材料和制造工艺提高了电动机械的效率和可靠性;智能化的电机控制系统能够实现电动机械的远程控制和智能化管理;高效能的电力电子转换器能够提高发电机的发电效率和稳定性。

然而,电动机械也存在一些问题和挑战。一方面,电动机械的能效和稳定性受到多种因素的影响,如负载变化、温度变化等;另一方面,电动机械的成本和价格较高,对于一些小型设备和初创企业来说是一个不小的负担。因此,加强电动机械的研发和创新是未来发展的重要方向。电动机械作为利用电能来转换和传递能量的机械设备,在工业生产、交通运输、家用电器等领域中发挥着重要的作用。随着科技的不断发展和社会需求的不断变化,电动机械将会继续发挥其独特的优势和作用,为人类创造更加美好的未来。

不同类型的机械设备在各个领域中都发挥着重要的作用。随着科技的不断发展和进步,未来将会有更多的新型机械设备出现,为人类的生产和生活带来更多的便利和创新。同时,也需要注意机械设备的安全使用和维护,保障人们的生命财产安全。

第二节　机构的运动学基础

一、机构运动学概述

平面机构运动学和空间机构运动学是机构运动学的主要研究领域。平面机构运动学主要研究平面连杆机构的运动特性,如位移、速度和加速度等。而空间机构运动学则研究空间连杆机构的运动规律,包括三维空间的位移、速度和加速度等。在机械工程领域,机构运动学的研究成果被广泛应用于机器人、机床、汽车等机械传动系统的设计、制造和性能分析。通过对机构运动特性的深入研究,工程师可以优化机构设计,提高机构的传动效率、平稳性和可靠性,从而满足各种工程应用的需求。随着科技的发展,机构运动学在新型机械系统中的应用也越来越广泛。例如,空间机构运动学在空间卫星姿态控制系统中发挥着重要作用。通过研究卫星的姿态控制规律,科学家可以设计出更精确、高效的控制系统,确保卫星在复杂的空间环境中稳定运行。此外,平面机构运动学在地面交通工具的传动系统中也有着广泛应用。通过对车辆传动系统的运动特性进行分析,工程师可以优化传动系统的设计,提高车辆的性能和可靠性。然而,机构运动学的研究还面临着许多挑战。如何在复杂的工作环境下,保证机构的高效、稳定传动,以及如何利用有限的空间和材料资源,设计出具有高性能和高可靠性的机构,都是当前研究的重要课题。

二、平面机构运动学

平面机构的应用领域非常广泛,涵盖了汽车、机床、机器人等各种机械传动系统。其原因在于,平面机构能够在传递力量和运动的同时,保持较高的精度和稳定性。此外,平面机构的结构相对简单,维护和修理也相对方便,因此在众多行业中都有着广泛的应用。在汽车工业中,平面机构被广泛应用于发动机、变速器、转向系统等重要部件中。例如,发动机的曲轴连杆机构就是典型的平面连杆机构,它将曲轴的旋转运动转化为连杆的往复运动,从而驱动汽车前进。在机床领域,平面机构同样发挥着重要作用。例如,数控机床的刀架换刀机构、工作台的进给机构等,都采用了平面连杆机构,以确保刀具和工作台的精准运动。此外,机器人行业的快速发展也离不开平面机构的支持。机器人手臂的各种运动,如俯仰、横摆、伸缩等,都需要依靠平面连杆机构来实现。正是由于平面机构的广泛应用,才使得机器人能够在各种复杂环境中执行任务。然而,平面机构的设计和优化也是一个复杂的过程。设计师需要充分考虑机构的尺寸、材料、运动学特性等因素,以实现高效、平稳、低噪声的传动效果。此外,随着新材料和制造技术的发展,如何提高平面机构的承载能力、耐磨性和抗疲劳性等性能,也是当前研究的重要课题。平面机构在现代机械传动系统中发挥着重要作用,其设计和应用技术将继续得到广泛关注和研究。随着科技的进步,我们有理由相信,平面机构将会更加高效、可靠地服务于各个行业,为我国的机械制造业和科技创新贡献力量。

三、空间机构运动学

空间机构在现代科技领域中发挥着越来越重要的作用。随着制造业的升级和智能化需求的提高,空间机构运动学的研究成果被广泛应用于机器人、数控机床、航空航天设备等高精度、高效率的机械系统中。在这些领域,空间机构的高灵活性、复杂运动轨迹和运动规律的实现能力使其成为研究和应用的热点。空间机构运动学的自由度计算是设计复杂机构的基础。自由度反映了机构在三维空间中的运动能力,对于机构的性能和功能具有重要意义。准确计算空间机构的自由度,有助于工程师在设计阶段就掌握机构的行为特性,为后续的运动分析和轨迹规划提供依据。

运动分析是空间机构运动学的核心内容之一。它旨在揭示机构在三维空间中的运动规律,包括速度、加速度、运动轨迹等。通过对运动分析的研究,工程师可以优化机构的设计,提高机构的性能和可靠性。此外,运动分析还有助于确保机构在实际工作过程中的稳定性和安全性。轨迹规划是空间机构运动学在实际应用中的关键环节。它涉及机构在给定任务需求下的运动路径规划,以及如何在复杂环境下实现预期的运动目标。轨迹规划对于机器人在复杂环境中的作业、数控机床的高精度加工以及航空航天设备的控制等方面具有重要意义。空间机构运动学的研究还处于不断发展中。如何在更复杂的工作场景下,进一步提高空间机构的性能、可靠性和适应性,是当前研究的重点和挑战。此外,如何将空间机构运动学的理论成果与实际应用更好地结合,以推动制造业的智能化发展,也是未来研究的方向。

空间机构运动学在现代机械领域具有广泛的应用前景。随着科技的不断进步,空间机构运动学的研究将取得更多突破,为我国的制造业和科技创新贡献力量。在空间机构运动学领域的深入研究和发展过程中,我们相信,更多的创新技术和应用将会应运而生,助力我国机械工程领域的持续繁荣。

四、机构运动学的应用

在机械工程领域,机构运动学具有广泛的应用价值,其重要性显而易见。在机械设计阶段,通过对机构运动学的分析,可以确定机构的尺寸和参数,优化设计方案,从而提升机械设备的性能和稳定性。此外,机构运动学还能帮助工程师深入理解机构的运动原理和特性,进而设计出更高效、可靠的机械设备。在机械制造阶段,运用机构运动学的理论可以实现对机械设备的运动学建模和分析,预测和控制设备的运动精度和误差,提高制造质量和效率。同时,机构运动学也能帮助工程师更好地理解机械设备的运动学特性,实现对设备的精确控制和制造。在机械性能分析阶段,通过机构运动学的分析可以了解机械设备的动态特性和工作能力,为机械设备的优化和改进提供理论支持。机构运动学同样可以帮助工程师深入理解机械设备的运动学特性,从而优化和改进机械设备的性能和可靠性。机构运动学在机械工程领域的应用不仅限于上述方面,还可以应用于机器人控制、自动化制造、航空航天等领域。随着科技的不断发展和进步,机构运动学在机械工程领域的应用将会越来越广泛,其在机械工程领域的地位也将越来越重要。

第三节 常用机构分析方法

一、系统分析法

系统分析法是机构分析中常用的方法之一。它通过对机构内部各要素之间相互关系的分析,揭示出机构的运行机制和内在逻辑。系统分析法的步骤一般包括明确问题、收集资料、建立模型、分析问题、制定方案和评估方案等。

（一）明确问题

系统分析法是一种结构化、科学化的分析方法,广泛应用于各个领域,包括机构分析。在机构分析中,系统分析法的第一步是明确问题。这一步至关重要,因为只有明确了问题的性质、范围和目标,才能有针对性地进行后续的分析和研究。明确问题,即首先需要清楚研究的目的和目标,这是所有工作的出发点。在机构分析中,这通常涉及对机构的整体现状进行初步的了解和分析。这一过程需要对机构的组织结构、功能、流程、资源分配等方面进行全面的考察。通过这一步骤,可以识别出机构中可能存在的问题或挑战,为后续的深入分析奠定基础。

明确问题的过程需要研究者具备深入的机构知识和分析能力。研究者需要对机构的背景、历史、文化以及相关的法律法规有一定的了解。同时,还需要运用科学的方法,如数据收集、实地考察、访谈等,对机构进行全面的分析和评估。通过这些方法,可以更加准确地把握机构的问题和挑战,为后续的分析提供可靠的基础。明确问题的过程需要保持客观和全面。机构是一个复杂的系统,其中可能存在多种问题或挑战,既有深层次的结构性问题,也有表面上的管理问题。因此,研究者需要保持客观的态度,不带有主观偏见,全面地审视和分析机构的问题。只有这样,才能准确地把握问题的本质和关键,为后续的分析提供正确的方向。

明确问题的重要性在于,它是后续系统分析的基础和前提。一旦问题被明确和界定,研究者就可以有针对性地设计和实施后续的分析和研究。例如,在明确了问题后,研究者可以进一步确定分析的范围、方法、数据来源等。这样可以更加有效地获取所需的信息和数据,进而准确地描述机构的现状、识别问题的根源、提出可行的解决方案等。明确问题是系统分析法的第一步,也是机构分析中的关键环节。只有通过全面了解和分析机构的现状,准确地识别出问题或挑战,才能为后续的深入分析和研究提供正确的方向和基础。在明确问题的过程中,研究者需要具备深入的机构知识和分析能力,运用科学的方法全面地审视和分析机构的问题。只有这样,才能保证研究的准确性和有效性,为机构的改进和发展提供有力的支持。

（二）收集资料

在系统分析法中,收集资料是一个至关重要的环节,它是整个分析工作的基石。特别是在机构分析中,需要收集的资料种类繁多,可能涉及机构的各个方面,如组织结构、人员构成、工作流程、规章制度等。这些资料不仅有助于了解机构的现状,还可以为后续的分析提供必要的信息支持。收集资料的目标是获取全面而准确的信息。全面性意味着研究者需要尽可能地覆盖所有与机构相关的资料,不遗漏任何重要信息。这需要从多个来源进行收集,包括内部文档、员工反馈、外部评价等。准确性则要求研究者确保所收集资料的真实性和可靠性,避免信息失真或误导后续的分析结果。为了实现这一目标,研究者可以采用多种方法来收集资料。访谈是一种常见且有效的方式,可以通过与机构内部的关键人员交流,深入了解他们的观点和经验。通过访谈,可以获得关于机构运营、问题等方面的第一手资料,以及对机构文化、氛围的直观感受。问卷调查也是一种有效的数据收集方法。研究者可以设计涵盖机构各方面的问卷,通过在线或纸质形式分发给机构员工或其他相关方填写。问卷调查的好处在于它可以迅速收集大量数据,并运用统计分析方法进行深入分析。此外,文档分析也是获取资料的重要手段。机构通常会保存大量的内部文档,如政策文件、年度报告、项目报告等。通过仔细阅读和分析这些文档,研究者可以了解机构的运营历史、决策过程和存在的问题。

在收集资料时,研究者还需要注意一些关键的注意事项。首先,资料来源的多样性是非常重要的,这样可以避免单一来源造成的偏见或误差。其次,要确保资料的保密性,对于涉及个人隐私或机密的资料需要严格保密。最后,研究者还需要根据实际情况灵活调整资料收集的方法和策略,以适应不同机构的特点和需求。

收集资料是系统分析法中不可或缺的一步。在机构分析中,全面而准确地收集资料可以为后续的分析提供充分的信息支持。通过访谈、问卷调查、文档分析等多种方法,研究者可以获取关于机构的各个方面的重要信息。这些信息不仅有助于描述机构的现状,还可以揭示存在的问题和挑战,为制定有效的解决方案提供依据。因此,在系统分析法的应用中,研究者应该重视并精心策划资料收集的过程,以确保后续分析的有效性和准确性。

(三)建立模型

建立模型是系统分析法中的关键步骤之一,它在机构分析中扮演着至关重要的角色。通过建立模型,可以对机构的运作方式和特点进行描述和解释,从而更好地理解机构的内在机制和运作规律。在机构分析中,建立模型的目的是将复杂的机构系统简化为易于理解和分析的抽象形式。这样可以使研究者更加清晰地看到机构的整体结构和功能,发现其中的问题,并预测未来的发展趋势。

建立模型的方法多种多样,具体取决于研究的目的和需求。例如,流程图是一种常用的建模工具,可以用来描述机构的工作流程和运作过程。通过绘制流程图,可以将复杂的流程简化为易于理解的图形符号,帮助研究者发现流程中的瓶颈和不必要的环节。

组织结构图也是建立模型的一种常用方法,它可以用来描述机构的层级关系和权力分配。组织结构图通过图形的方式展示了机构的组织架构、部门设置、职位关系等,使研究者能够直观地了解机构内部的权力分布和决策流程。

除了流程图和组织结构图,还可以使用其他类型的模型来描述机构的不同方面。例如,可以使用网络模型描述机构内部的信息流动和沟通方式;使用状态转移模型描述机构在不同状态之间的转换过程;使用决策模型描述机构的决策制定过程等。

在建立模型的过程中,需要充分运用系统论的思想和方法。系统论强调将研究对象视为一个整体,关注其内部各要素之间的相互作用和依赖关系。在机构分析中,需要将机构视为一个复杂的系统,从全局的角度去分析和研究。这意味着不仅要关注单个要素或部门的表现,还要考虑整体的效果和影响。此外,建立模型还需要注意以下几点:

(1)模型是对现实的简化描述,因此需要选择重要的特征进行建模,避免过于复杂或过于简单。

(2)数据的准确性和可靠性。建立模型需要基于准确和可靠的数据,以确保模型的准确性和可信度。不同的模型适用于不同的研究目的和情境,需要明确模型的适用范围和局限性。

(3)持续改进和优化。建立模型不是一次性的工作,而是需要根据实际情况不断改进和优化的过程。

建立模型是系统分析法中的重要步骤之一,特别是在机构分析中。在建立模型的过程中,需要充分运用系统论的思想和方法,并注意模型的简化性、数据准确性、适用性和持续改进等方面。只有这样,才能使建立的模型更加准确、可靠和有说服力,为后续的分析和研究提供有力的支持。

（四）分析问题

在完成模型的建立后,对机构的深入分析成为系统分析法的核心环节。这一阶段的目标是全面了解机构的运作状况,识别其中的问题和矛盾,并探索改进和优化的可能性。

首先,对机构进行深入分析需要关注其各个子系统。机构通常由多个相互关联的子系统组成,如组织结构、流程、资源、人员等。这些子系统相互作用、相互依赖,共同维持机构的正常运作。对每个子系统进行独立的分析,可以帮助我们理解其在机构整体中的功能和作用。

分析子系统之间的相互关系和作用机制是深入分析的关键。一个子系统的变化可能会对其他子系统产生影响,进而影响整个机构的运作。通过分析这些相互关系,我们可以更好地理解机构运作的内在逻辑和规律。

为了更好地进行深入分析,需要运用各种科学的方法和工具。例如,可以使用数学模型和计算机仿真技术来模拟机构的运作过程,预测不同策略下的结果;使用统计分析方法来处理大量的数据,发现模式和趋势;使用价值链分析、SWOT分析等工具来评估机构的优势、劣势、机会和威胁。

通过深入分析,研究者可以发现机构中存在的问题和矛盾。这些问题可能包括流程不畅、资源分配不均、沟通障碍等。矛盾可能来自不同部门或利益相关者的利益冲突。对这些问题和矛盾的深入理解有助于提出针对性的改进方案。

其次,深入分析还需要关注机构的环境因素。机构所处的外部环境对其运作产生重要影响。例如,政策法规的变化、市场竞争态势、技术进步等都可能对机构的战略、组织结构、流程等产生深远影响。因此,对环境的分析也是深入分析的重要组成部分。

在深入分析的过程中,保持客观和全面的态度至关重要。研究者需要避免主观偏见,全面审视和分析机构的所有方面。同时,还需要不断反思和质疑自己的假设,确保分析的准确性和有效性。需要注意的是深入分析是一个迭代的过程。在初步分析后,可能需要对某些方面进行更深入的探究,或者调整和改进分析方法。这需要研究者具备足够的耐心和韧性,不断探索和尝试,直至达到满意的结论。对机构进行深入的分析是系统分析法中最为核心的部分。通过对各个子系统的独立分析,以及子系统之间的相互关系和作用机制的探索,我们可以全面了解机构的运作状况和问题所在。这一步骤需要运用各种科学的方法和工具,并保持客观和全面的态度。通过深入分析,我们可以为机构的改进和优化提供有力的依据和支持。

二、流程分析法

流程分析法是一种系统化的分析方法,通过对机构各项工作流程的深入研究,了解机构的运作过程和效率。其主要目标是发现流程中的瓶颈和问题,进而优化流程,提高工作效率。在机构分析中,流程分析法的重要性不容忽视。

流程分析法将机构视为一个整体,从全局的角度分析各个工作环节之间的关系和影响。流程分析法采用结构化的方法对工作流程进行分析,便于发现潜在的问题和优化空间。流程分析法既采用定量的方法进行分析,如数据收集和统计分析,也采用定性的方法,如观察、访谈等,以更全面地了解实际情况。流程分析法提供了一种实用的工具和方法,可以帮助机构发现问题并采取改进措施,提高工作效率。

在机构分析中,流程分析法的应用非常广泛。它可以应用于各种类型的机构,如企业、政府机关、非营利组织等。通过流程分析法,我们可以发现机构中存在的问题和瓶颈,如资源分配不合理、工作流程不顺畅、协调沟通不足等。这些问题可能导致工作效率低下、资源浪费,甚至影响整个机构的运营和发展。通过优化工作流程、改进工作方法、提高协调沟通能力等措施,我们可以有效地提高机构的工作效率和质量,实现更好的业绩和可持续发展。

此外,流程分析法还可以与其他分析方法结合使用。例如,它可以与 SWOT 分析、PEST 分析等战略分析方法相结合,帮助机构制定更符合实际情况的发展战略;也可以与绩效评估方法相结合,帮助机构了解员工的绩效表现和存在的问题,进一步提高工作效率和质量。

三、组织结构分析法

组织结构分析法是一种针对组织内部结构进行深入研究和剖析的方法。其主要目标在于理解机构的层级关系和权力分配,以优化组织结构,提高组织效率。在机构分析中,组织结构分析法具有不可或缺的地位,它为我们提供了一个系统化、科学化的工具,以发现并解决组织结构中的问题。

(一)组织结构分析法的核心要素

组织结构分析法是系统分析法中的一种重要方法,其核心在于对组织结构的层级关系和权力分配的研究。这种分析方法可以帮助我们深入了解组织的内部结构和运作机制,进而发现组织存在的问题和优化潜力。

组织结构的层级关系是组织内部的职位之间上下级关系,反映了组织内部的分工和协作关系。通过对层级关系的分析,我们可以了解每个职位在组织中的地位、职责以及与其他职位的相互关系。这种分析有助于我们发现组织的结构特点和潜在问题,如是否存在管理层次过多、职责重叠或沟通不畅等问题。

权力分配是组织结构分析法的一个重要方面,主要关注的是各个层级在决策、资源分配等方面的权力和影响力。权力分配决定了组织内部的决策能力和资源控制力,对组织的运作和绩效产生重要影响。通过对权力分配的分析,我们可以了解组织的决策机制、资源利用效率和组织文化等方面的问题。例如,是否存在权力过于集中或分散的情况,是否需要加强中下层决策的自主权等。

通过深入分析层级关系和权力分配,我们可以了解组织的运作机制和流程,发现潜在的问题和矛盾。这些问题可能涉及组织的沟通效率、决策质量、资源分配合理性等方面。例如,如果层级关系过于复杂或权力分配不合理,可能会导致信息传递延误、决策失误或资源浪费等问题。这些问题不仅会影响组织的效率和绩效,还可能对组织的长期发展产生负面影响。

为了解决这些问题,组织结构分析法提供了改进和优化的方向。首先,通过简化层级关系、减少管理层次、优化职责分配等方式,提高组织的沟通效率和协作能力。其次,合理分配权力,增强中下层决策的自主权和参与度,提高决策质量和资源利用效率。此外,优化组织结构还可以考虑引入信息技术、加强组织文化建设等方面内容,以提升组织的整体竞争力和适应性。组织结构分析法是系统分析法中的重要方法之一,通过对组织结构的层级关系和权力分配的深入研究,可以帮助我们了解组织的运作机制和流程,发现潜在的问题和矛盾。通过优化组织结构,可以提高组织的沟通效率、决策质量和资源利用效率,为组织的长期发展提供有力支持。在实际应用中,组织结构分析法可以与其他方法结合使用,如流程分析法、价值链分析法等,以全面评估组织的整体表现和改进方向。

(二)组织结构分析法的实施步骤

(1)明确分析目标。首先,需要明确组织结构分析的目标,这可能涉及评估现有结构的合理性、优化层级关系、改进权力分配等。

(2)数据收集。收集关于组织结构的相关数据,包括职位说明、职责范围、决策流程、资源分配等。这些数据可以来自内部文档、员工访谈、观察等多种方式。

(3)层级关系分析。对收集的数据进行深入分析,了解各级职位的职责和权力,评估层级关系的合理性和有效性。

(4)权力分配评估。研究不同层级的决策权和资源控制权,评估现有权力分配的公平性和效率。

(5)问题识别。通过以上步骤,找出组织结构中的问题点,如权力冲突、资源分配不均等。

(6)优化方案制定。针对识别出的问题,制定相应的优化方案。这可能包括调整职位设置、重新分配权力、改进决策流程等措施。

(7)方案实施与跟踪。实施优化方案后,需要进行长期的跟踪和评估,以确认改进效果并做出必要的调整。

四、人力资源分析法

人力资源分析法是通过对机构中人力资源的研究,了解人力资源的配置和利用情况。人力资源分析法可以帮助我们发现人力资源中的不足和浪费,优化人力资源配置,提高人力资源的利用效率。在机构分析中,人力资源分析法可以通过对人力资源的配置和利用情况的研究,了解人力资源中存在的问题和不足之处,提出优化方案。

五、价值链分析法

价值链分析法是通过对机构价值创造过程的研究,了解机构的竞争优势和劣势。价值链分析法可以帮助我们发现机构在价值创造过程中的不足之处,优化价值链,提高机构的竞争力。在机构分析中,价值链分析法可以通过对价值创造过程的研究,了解价值链中存在的问题和不足之处,提出优化方案。

六、SWOT 分析法

SWOT 分析法是对机构的内部优势、劣势和外部机会、威胁进行全面分析和评估的方法。通过 SWOT 分析法,可以明确机构在市场中的定位和发展战略。在机构分析中,SWOT 分析法可以帮助我们全面了解机构的优势、劣势、机会和威胁,制定合理的发展战略。

第二章 力学基础知识

第一节 力 学 基 础

一、力和力系

(一)力的概念

力量是一个抽象的概念,它源于人们在长期的生产实践中对物体间相互作用的外在表现的观察。尽管力量本身无法被直接看见或触摸,但我们可以通过物体间的机械作用来理解和描述它。这种机械作用总是伴随着物体机械运动状态发生变化,包括形变等现象。因此,我们可以将力量定义为物体间的机械作用,这种作用能够改变物体的机械运动状态或者引发物体的形状变化。

物体间的相互作用可以以多种方式呈现,其中一些方式涉及物体的直接接触。例如,机动车对车厢产生的牵引力,以及物体表面间的摩擦力,都是直接接触的机械作用。然而,也存在一些非直接接触的相互作用方式。比如,地球对物体的引力,以及磁性物体间的引力和斥力,这些都是非接触性的机械作用。通过这些不同的相互作用方式,我们可以更深入地理解和研究力量的本质和影响。

实践表明,力对物体的作用效果取决于 3 个要素:力的大小、力的方向和力的作用点。改变任何要素都会改变力对物体的作用效果。我们用带箭头的直线段表示力的矢量的 3 个要素,如图 2-1 所示。矢量的长度(AB)按一定比例尺寸表示力的大小;矢量的方向表示力的方向;矢量的始端(点 A)表示力的作用点。矢量 AB 所沿着的直线(图 2-1 上的虚线)表示力的作用线。我们常用黑体字母 F 表示力的矢量,而用普通字母 F 表示力的大小。

为了衡量力的大小,必须确定力的单位。在国际单位制(SI 制)中,以"牛顿"作为力的单位,记作 N。有时也以"千牛顿"作为单位,记作 kN。在工程单位制中,力的常用单位是"千克力",记作 kgf;有时也采用"千公斤力"即"吨力",记作

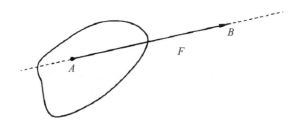

图 2-1 力的矢量表示

tf。本书采用国际单位制。牛顿和公斤力的换算关系是 1 kgf≈9.8 N。

力是物体间的相互作用,因此它们必然是成对出现的。一个物体以一个力作用于另一个物体上时,另一个物体必以一个大小相等、方向相反且沿同一个作用线的力作用在此物体上,即作用力和反作用力大小相等、方向相反,分别作用在两个物体上。

(二) 力系

力系是力学领域中的一个基础概念,指的是同时作用于某一物体的力的集合。这些力可能具有相同的性质,如重力场中的重力或表面间的摩擦力,也可能包含多种不同性质的力,例如电磁相互作用产生的力和物体形变产生的弹力等。这些力在三维空间中的分布、大小和方向共同构成了特定的力系配置。

为了更深入地研究和分析力系,我们通常会根据其几何特性进行分类。具体而言,根据所有力的作用线是否共处于一个平面内,力系可以被划分为平面力系和空间力系两大类。在平面力系中,所有力的作用线都位于同一个平面内,这使得分析过程在一定程度上得以简化。相比之下,空间力系中力的作用线则散布于不同的平面,因此分析起来更为复杂。

在平面力系中,根据力的作用线的分布情况,我们可以进一步细分为三类:平面汇交力系、平面平行力系和平面任意力系。

在这种力系中,所有的力不仅共面,而且它们的作用线都交汇在空间的同一点,这为分析力的合成与分解提供了极大的便利。这个合成力的方向和大小可以通过向量的加法或者标量加法进行计算。这种力系的简化计算方式使得我们在分析物体的运动时更加方便。在分析物体的运动时,平面汇交力系尤其对涉及旋转运动的情况具有关键的实际应用价值。由于所有的力都交汇于一点,这使得旋转力矩的计算变得相对简单和直观。例如,在深入研究轮船锚链的受力分布或吊车吊索在吊装过程中的稳定性时,平面汇交力系是一个有效的分析工具。

平面平行力系是指一个平面内所有力的作用线都相互平行的情况。在这种特殊的力系中,由于各力的方向保持一致,彼此间不产生垂直分量,因此它们的合成效果可以直接简化为一个单一的力或一个扭矩。这种简化使得力学分析和计算更加高效与准确。平面平行力系在分析特定结构的运动时展现出独特的价值。特别是在桥梁和大型建筑物的稳定性分析中,这种力系的概念是不可或缺的。此外,在分析需要精确控制的设备,如滑轮、滑轨等时,平面平行力系也提供了有力的理论支持。

平面任意力系适用于平面内力的作用线分布复杂,既非汇交于一点也非平行的情况。在这种力系中,各力的矢量关系变得更为复杂,合成效果需要考虑多个力的相互影响和作用。这种力系的应用范围广泛,涉及各种结构的受力分析。例如,在分析车辆行驶稳定性时,需要考虑轮胎与地面之间的作用力、空气阻力以及车辆重力的分布,在研究建筑物的地震响应时,地震力在建筑物不同部位的作用线分布各异,需要利用平面任意力系来精确计算各部分的受力情况。

在实际的工程应用中,针对具体的问题和条件,选择合适的分析方法至关重要。在某些情况下,为了简化分析过程,可能需要将一个复杂的空间力系简化为平面力系。而对于一些简单的平面力系,为了更全面地了解其力学行为,可能需要对其进行扩展或细化分析。力的分析和计算涉及物体的运动、平衡、稳定性等多个方面,是工程设计和物理学中的核心基础。通过深入研究和理解力系的基本概念,可以更准确地解决实际问题和创新设计。对力系的研究和应用将不断推动工程学和物理学的发展,为人类的生产和生活带来更多的便利和安全保障。

二、约束和约束反力

在物理学和工程学中,物体的位移特性对于理解其运动状态和行为至关重要。当人们观察飞行中的飞机、炮弹或火箭时,可以明显看到它们在空中的运动几乎不受任何限制,能够自由地沿三维空间移动。这种位移不受限制的物体,被称为自由体。然而,与自由体形成鲜明对比的是另一类物体——非自由体。非自由体指的是在空间的位移受到某种形式的限制的物体。例如,机车在铁轨上行驶时,其运动被严格限制在两条轨道之间,不能随意偏离。非自由体之所以受到位移限制,是因为周围存在对其起限制作用的物体,这些物体被称为约束。

约束对物体产生的反作用力,即为约束反力。在静力学问题中,约束反力和物体受到的其他已知力(主动力)共同构成了一个平衡力系。因此,可以通过平衡条件来求解约束反力的大小和方向。

下面介绍几种在工程实际中常遇到的简单的约束类型和确定约束反力的方法。

(1)具有光滑接触表面的约束。光滑支撑面对物体的约束反力,作用在接触点处,方向沿着接触表面的公法线,并指向受力物体。这种约束反力称为法向反力,一般用 N 表示,如图 2-2 所示。

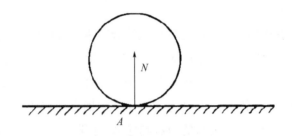

图 2-2　光滑面的约束反力

(2)由柔软的绳索构成的约束。如图 2-3 所示,由于柔软的绳索本身只能承受拉力,所以它给物体的约束反力也只能是拉力。因此,绳索对物体的约束反力,作用在接触点,方向沿着绳索背离物体。通常用 T 或 P 表示这类约束反力。

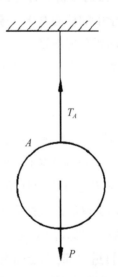

图 2-3　绳索的约束反力

（3）光滑铰链约束。这类约束有向心轴承、圆柱形铰链和固定铰链支座等。图 2-4（a）为轴承装置,可画成如图 2-4（b）或图 2-4（c）所示的简图。轴可以在孔内任意转动,也可以沿着孔的中心线位移,但是轴承阻碍着轴沿着径向向外的位移。设轴和轴承在点 A 接触,且摩擦忽略不计,则轴承对轴的约束力 N 作用在接触点 A,沿公法线且指向轴心,如图 2-4（a）所示。

随着轴所受的主动力变化,轴和孔的接触点位置也不同。所以,当主动力尚未确定时,约束反力的方向预先不能确定。然而,无论约束反力朝向何方,它的作用线必垂直于轴线并通过轴心。通常这样一个方向不能预先确定的约束力,用通过轴心的两个大小未知的正交分力 X_A、Y_A 来表示,如图 2-4（b）（c）所示。

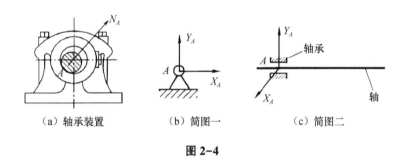

（a）轴承装置　　（b）简图一　　（c）简图二

图 2-4

三、受力图

为了清晰地表示物体的受力情况,我们把需要研究的物体（称为受力体）从周围的物体（称为施力体）中分离出来,单独画出它的简图,这个步骤称为取研究对象或取分离体。然后把施力体对研究对象的作用力（包括主动力和约束力）全部画出来。这种表示物体受力的简明图形,称为受力图。画物体受力图是解决静力学问题的一个重要步骤。

四、力的合成与分解

当一个物体同时受到几个力的作用时,可以用一个合力来代替这几个力的作用。求几个力的合力称为力的合成。

（1）在同一直线上作用的合力。如图 2-5 所示,有 3 个人共同用一根绳索吊起一个重物,他们的用力方向都是向下的,如果甲出力 150 N,乙出力 200 N,丙出力 180 N,则他们的合力为 $F_甲$、$F_乙$、$F_丙$ 三力相加,等于 530 N。合力的方向与各人用力的方向一致,都是向下的,力的作用点在同一根绳上。如果作用在一条直线上的2个力方向相反,其合力的大小等于大力减小力,方向即为大力的方向。如拔河比赛中两队同拉一根绳索,甲队的力量大,那么绳索就会被甲队拉过去,合力的方向就是甲队所拉的方向。

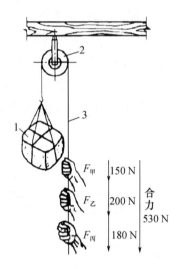

图 2-5　作用在同一直线上力的合成

1—重物;2—滑轮;3—绳索

(2)同方向平行力的合力。在起重吊装施工中用的平衡梁(铁扁担),挂在它下面的两根吊索千斤绳所受的力,基本上是两个平行力,如图 2-6 所示。这两个力的方向相同,都是向下的。

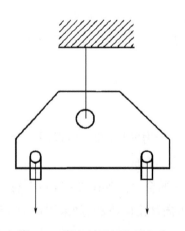

图 2-6　同方向平行力的合成

两个方向相同、大小相等的平行力的合成,其大小为两力相加,合力的作用点在两力中间;当两个力大小不等时,则作用点距两力间的距离同力的大小成反比。如图 2-7 所示,甲、乙两物体挂在一根梁的两端,$F_甲 = 100$ N,$F_乙 = 200$ N,其合力为甲、乙两力相加,方向都是向下的。合力的作用点的位置应符合下面的比例关系:

$$\frac{AC}{BC} = \frac{F_乙}{F_甲}$$

从图 2-7 中可以看出,$F_乙$ 为 $F_甲$ 的 2 倍,AC 距离为 BC 距离的 2 倍。如在梁上合力作用点 C 处用一根绳索吊起,则绳索拉力与 $F_丙$ 大小相等、方向相反,而且作用在同一直线上。

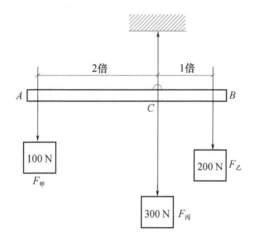

图 2-7　两力不等时平行力的合成

如果同方向的平行力为 3 个或更多时,求它们的合力,可先求出其中两个力的合力,再求此合力与其他力的合力,以此类推便可求出最后的合力。

(3)作用在一点有夹角的两力的合力。一个固定的吊环,受到两根有夹角 α 的绳索拉力的作用。如图 2-8(a)所示,若其中一绳拉力为 20 kN,另一绳拉力为 30 kN,则作用在 A 点上的这两个力的合力 F_3,如图 2-8(b)所示,可用作图方法求出。作图顺序如下:

①从 A 点顺着力的方向将 F_1、F_2 按比例画出,如取 1 cm 表示 10 kN,则画出 F_1 为 AB,其长度等于 2 cm,表示 20 kN;F_2 为 AC,长度等于 3 cm,表示 30 kN。

②画出 BD 平行于 AC,CD 平行于 AB,相交于 D 点,然后连接 AD,AD 即为 F_3。

③量出 AD 的长度为 4.2 cm,即 F_1 和 F_2 合力为 42 kN。

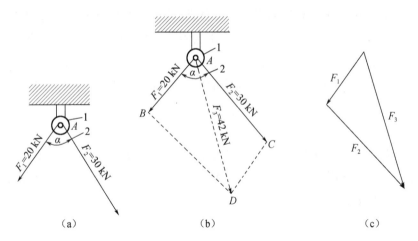

图 2-8　作用于同一作用点有夹角的两力的合成

这种作图法称为力的平行四边形法则,即作用在物体上同一点的两个力,可以合成为一个合力,合力的作用点也在该点,合力的大小和方向由以这两个力为边构成的平行四边形的对角线确定。由于平行四边形对边相等,图 2-8(b)中的两个三角形完全相同,因此在求合力时,不必画出整个平行四边形,只画出其中一个三角形即可,如图 2-8(c)所示,此法叫三角法。

第二节　平面汇交力系

各力作用线在同一平面内且汇交于一点的力系称为平面汇交力系。平面汇交力系是最简单、最基本的力系,它不仅在工程上有其直接的应用,而且是研究其他复杂力系的基础。

一、力在平面直角坐标轴上的投影

如图 2-9 所示,取直角坐标系 oxy,使力 F 在 oxy 平面内。过的的两端点 A 和 B 分别向 x、y 轴做垂线得垂足 a、b 及 a'、b',带有正负号的线段 ab 与 $a'b'$ 分别称为力 F 在 x、y 轴上的投影,记作 F_x、F_y。并规定:当力始端的投影到终端的投影的方向与投影轴的正向一致时,力的投影取正值;反之,当力始端的投影到终端的投影的方向与投影轴的正向相反时,力的投影取负值。

一般情况下,若已知力 F 与 x 和 y 轴所夹的锐角分别为 α、β,则该力在 x、y 轴

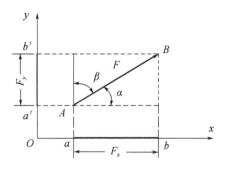

图 2-9　力的投影

上的投影分别为：

$$F_x = \pm F\cos\alpha$$

$$F_y = \pm F\cos\beta$$

即：力在坐标轴上的投影，等于力的大小与力和该轴所夹锐角余弦的乘积。当力与轴垂直时，投影为零；而力与轴平行时，投影大小的绝对值等于该力的大小。

1. 合力投影定理

合力在任一轴上的投影，等于各分力在同一轴上投影的代数和。这就是合力投影定理。

$$R_x = F_{x1} + F_{x2} + \cdots F_{xn} = \sum F_x$$

2. 平面汇交力系的平衡条件

平面汇交力系平衡的必要和充分的条件是：力系中各力在两个不平行的坐标轴中的每一轴上的投影的代数和等于零。即：

$$\sum F_x = 0$$

$$\sum F_y = 0$$

称为平面汇交力系的平衡方程。它们相互独立，应用这两个独立的平衡方程可求解两个未知量。

二、平面汇交力系合成与平衡的几何法

(一)平面汇交力系合成的几何法——力多边形法则

平面汇交力系是力系中最简单的一种,在工程中有许多实例。例如,起重机起吊重物时[见图2-10(a)]作用于吊钩 C 的三根绳索的拉力 T、T_A、T_B。都在同一平面内,且汇交于一点,就组成平面汇交力系,如图2-10(b)所示。又如三角支架当不计杆的自重时,如图2-11(a)所示,作用于铰链 A 上的三个力 N_{BA}、N_{CA}、T 也组成平面汇交力系,如图2-11(b)所示。

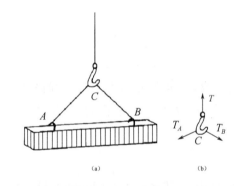

图2-10 示例图

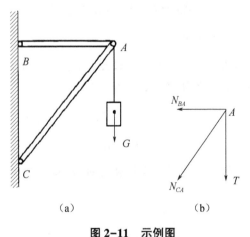

图2-11 示例图

设一刚体受到平面汇交力系的作用,各力作用线汇交于点 A,根据刚体内部力

的可传性,可将各力沿其作用线移至汇交点 A,如图 2-12(a)所示。为合成此力系,根据力的平行四边形法则,逐步两两合成各力,最后求得一个通过汇交点 A 的合力 F_R;还可以用更简单的方法求此合力 F_R 的大小与方向。先做力三角形求出 F_1 与 F_2 的合力大小与方向 F_{R1},再做三角形合成 F_{R1} 与 F_3 得 F_{R2},最后合成 F_{R2} 与 F_4,得 F_R,如图 2-12(b)所示。多边形 $abcde$ 称为此平面汇交力系的力多边形,矢量 ae 称此力多边形的封闭边。封闭边矢量 ae 即表示此平面汇交力系合力 F_R 的大小与方向(即合为矢),而合力的作用线仍应通过原汇交点 A,如图 2-12(a)所示的 F_R。必须注意,此力多边形的法则为:各分力的矢量沿着环绕力多边形边界的同一方向首尾相接。由此组成的力多边形 $abcde$ 有一缺口,故称为不封闭的力多边形,而合力矢则应沿相反方向连接此缺口,构成力多边形的封闭边。多边形法则是一般矢量相加(几何和)的几何解释。根据矢量相加的交换律,任意变换各分力矢的作图次序,可得形状不同的力多边形,但其合力矢仍然不变,如图 2-12(c)所示。

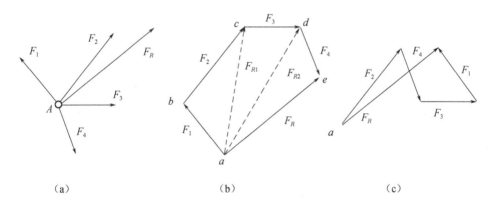

图 2-12 示例图

总之,平面汇交力系可简化为一合力,其合力的大小与方向等于各分力的矢量和(几何和),合力的作用线通过汇交点。设平面汇交力系包括 n 个力,以 F_R 表示它们的合力矢,则有

$$F_R = F_1 + F_2 + \cdots F_n = \sum_{i=1}^{n} F_x$$

合力 F_R 对刚体的作用与原力系对该刚体的作用等效。如果一力与某一力系等效,则此力称为该力系的合力。

（二）平面汇交力系平衡的几何条件

平面汇交力系可合成为一个合力 F，即保持平面汇交力系平衡的必要和充分条件是：该力系的合力等于零。如用矢量等式表示，即

$$\sum_{i=1}^{n} F_i = 0$$

在平衡情形下，力多边形中最后一力的终点与第一力的起点重合，此时的力多边形称为封闭的力多边形，如图 2-13 所示。于是，可得平面汇交力系平衡的必要和充分条件是：该力系的力多边形自行封闭。

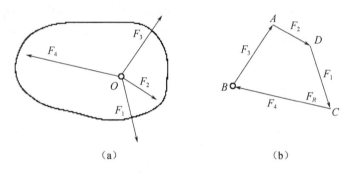

（a） （b）

图 2-13 示例图

求解平面汇交力系的平衡问题时可用图解法，即按比例先画出封闭的力多边形，然后用尺和量角器在图上量得所要求的未知量，也可根据图形的几何关系，用三角公式计算出所要求的未知量，这种方法称为几何法。

三、平面汇交力系合成与平衡的解析法

平面汇交力系的几何法具有直观、简捷的优点，但其精确度较差，在力学中用得较多的还是解析法。这种方法以本章第一节中力在坐标轴上的投影计算为基础，要求出平面汇交力系的合力，必须先讨论合力及其分力在同一轴上投影的关系，则必须应用合力投影定理。

（一）解析合力投影定理

设有一平面汇交力系 F、F、、F，作用在物体的 O 点，如图 2-14（a）所示，从任意一点 A 作力多边形 $ABCD$，如图 2-14（b）所示，则矢量 AD 就表示该力系的合力

R 的大小和方向。取任意一轴 x 如图 2-14(b)所示,把各力都投影在 x 轴上,并令 X_1、X_2、X_3 和 R,分别表示各分力 F_1、F_2、F_3,和合力 R 在 x 轴上的投影,由图 2-14(b)可见

$$X_1 = ab, X_2 = bc, X_3 = -cd, R_x = ad$$
$$ad = ab + bc - cd$$
$$R_x = X_1 + X_2 + X_3$$

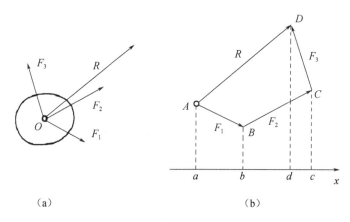

（a）　　　　　　　　　　　　　　　（b）

图 2-14　示例图

由此可见,合力在任意一轴上的投影,等于各分力在同一轴上投影的代数和。这就是合力投影定理。

(二)用解析法求平面汇交力系的合力

当平面汇交力系为已知时,如图 2-15 所示,我们可选直角坐标系,求出力系中各力在 x 轴和 y 轴上的投影,再根据合力投影定理求得合力 R 在 x、y 轴上的投影 R_x、R_y,从图 2-15 中的几何关系可见,合力 R 的大小和方向可由下式确定:

$$R = \sqrt{R_x^2 + R_y^2} = \sqrt{\left(\sum X\right)^2 + \left(\sum Y\right)^2}$$
$$\tan\alpha = \frac{|R_y|}{|R_x|} = \frac{|\sum Y|}{|\sum X|}$$

式中,a 是合力 R 与 x 轴所夹的锐角,a 角在哪个象限由 $\sum X$ 和 $\sum Y$ 的正负号来确定具体详见图 2-16。合力的作用线通过力系的汇交点。

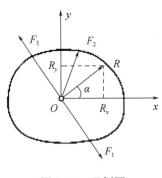

图 2-15　示例图

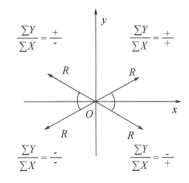

图 2-16　示例图

第三节　力矩和力偶

一、力对点之矩

用扳手拧螺母时,力 F 使扳手及螺母绕 O 点转动,由经验可知,使螺母绕 O 点转动的效果,不仅与力 F 的大小有关,而且与 O 点到力作用线的垂直距离 h 有关,因此力 F 对扳手的作用可用两者的乘积 Fh 来度量,此乘积称为力 F 对 O 点的矩。O 点到力 F 作用线的垂直距离 h 称为力臂,O 点为矩心。力使物体绕矩心转动时,有两种不同的转向。通常规定:力使物体绕矩心逆时针方向转动时,力矩为正;力使物体绕矩心顺时针转动时,力矩为负。由此可见,力 F 使物体绕 O 点转动的效果由下列两个因素决定:

①力的大小与力臂的乘积 Fh。

②力使物体绕 O 点转动的方向。

力 F 对 O 点的矩用符号 $M_O(F)$ 表示,其计算公式为:

$$M_O(F) = \pm Fh$$

力矩的单位决定于力和力臂的单位,在法定计量单位中,力矩的单位为 Nm。当力的作用线通过矩心时,因力臂为零,故力矩等于零,此时力不能使物体绕矩心转动。

二、合力矩定理

定理:平面汇交力系的合力对平面内任意一点的矩等于所有各分力对该点的

矩的代数和。

　　这个定理建立了合力的矩和分力的矩之间的关系。现证明如下：设在物体上 A 点作用有平面汇交力系 F、F_2、$\cdots F_n$，如图 2-17 所示，该力系的合力为下。为计算力系中各力对平面内任意一点的矩，取直角坐标系 xOy，并让 Ox 轴通过力系中各力的汇交点 A，令 $OA=l$，则力系中各分力对 O 点的矩分别为：

$$M_O(F_1) = -F_1 h_1 = -F_1 l\sin\alpha_1 = F_{1y}l$$

$$M_O(F_2) = F_{2y}l$$

$$M_O(F_n) = F_{ny}l$$

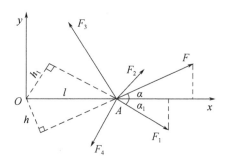

图 2-17　合力矩定理

三、力矩的平衡

　　如果在绕定点转动的物体上作用有几个力，各力对转动中心的力矩是 $M(F)$、$M_O(F)\cdots M(F_n)$，则绕定点转动的物体的平衡条件是各力对中心 O 的矩的代数和等于零，即：

$$M_O(F_1) + M_O(F_2) + \cdots + M_O(F_n) = 0$$

$$\sum_{i=1}^{n} M_O(F_i) = 0$$

四、力偶的概念

（一）力偶和力偶矩

　　生活中，汽车司机用双手转动驾驶盘驾驶汽车见图 2-18(a)，电动机的定子磁场对转子作用电磁力使之旋转[见图 2-18(b)]，人们用两个手指旋转钥匙开门,这时在驾驶盘、电动机转子、钥匙上作用着一对等值、反向、作用线不在一条直线上的平行力,它们能使物体转动。这种大小相等、方向相反而作用线不在同一直线上的两个平行力,称为力偶,记作(F,F')。力偶的两个力之间的垂直距离d称为力偶臂[见图2-18(c)],力偶所在的平面称为力偶的作用面。

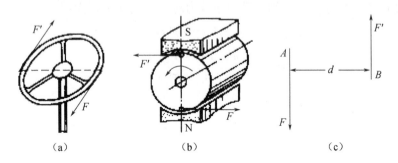

(a)　　　　　　　(b)　　　　　　　(c)

图 2-18　力偶和力偶矩

由经验可知,在力偶作用面内,力偶使物体产生转动的效应,取决于力偶的转向、力偶两个平行力的大小以及力偶臂d的大小,所以,在力学中用力偶中一个力的大小和力偶臂的乘积Fd作为度量力偶在其作用平面内对物体转动效应的物理量,称为力偶矩,并以符号$M(F,F')$或M表示,即:

$$M(F,F') = M = \pm Fd$$

力偶的转向,一般以逆时针为正,顺时针为负,与力矩类似。力偶矩的法定计量单位为 N·m。

转动方向盘(图2-19)和用功时(图2-20),通常受到大小相等、方向相反,但作用线不在一直线上的两个平行力的作用,这一对力由于作用线不共线,故不能互相平衡,它使物体产生转动。

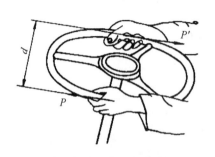

图 2-19　力偶举例之一

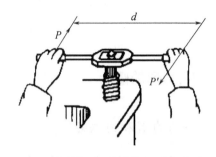

图 2-20　力偶举例之二

物体受力作用时,产生的转动效果,不仅与力中 F 大小成正比,而且与力偶臂 d 的大小成正比。力 F 与 d 愈大,转动效率愈显著。因此,以乘积 $F \cdot d$ 加以适当的正负号作为力偶对物体的转动效果的度量,并称为力矩,以符号表示,即 = $\pm F \cdot d$

式中的正负号表示力偶的转向。一般规定:力使物体按逆时针方向转动时,偶矩为正,反之为负。力偶矩的单位与力矩单位相同。作用在物体上同一平面内的多个力,称为平面力系。力系的合成,就是求力偶系的合力偶。合力偶矩 M 等于平面力偶系中各力偶矩的代数和。由于平面力偶系的合成结果为一个合力偶,故平面力偶系平衡的必要和充分条件是:所有各力偶矩的代数和等于零,即合力偶矩等于零。

(二)力偶的性质、平面力偶的等效条件

(1)力偶无合力,力偶不能与一个力等效。当一个力偶作用在物体上时,能使物体转动,而一个力作用在物体上时,则将使物体移动、转动或兼而有之。所以,力偶对物体的作用不能用一个力等效代替,力偶不能与一个力平衡,力偶必须用力偶来平衡。由于力偶中两力等值、反向,所以力偶在任意一轴上投影的代数和等于零。(见图 2-21)。

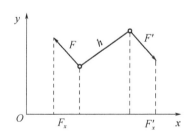

图 2-21　力偶在数轴上的投影

(2)力偶中两力对其作用平面内任意一点的矩的代数和等于力偶矩。可见,力偶对其作用平面内任意一点的矩与该点(矩心)的位置无关,这说明力偶使物体对其作用平面内任意一点的转动效应是相同的。

(3)由力偶的性质可知,同平面力偶等效的条件是:力偶矩的大小相等,力偶的转向相同。由此可得:

①只要保持力偶矩不变,力偶可以在其作用平面内做任意移转,而不改变它

对刚体的作用效果。因此,力偶对刚体的作用与力偶在其作用平面内的位置无关。

②只要保持力偶矩不变,可以同时改变力偶中力的大小和力偶臂的长短,而不改变力偶对物体的作用效果。

正因为这样,力偶可用力和力偶臂表示,也可用一端带箭头的弧线来表示。图 2-22 就是同一力偶的不同表示法。图中弧线箭头表示力偶的转向,弧线旁的符号表示力偶矩的大小。

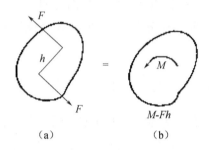

（a） （b）

图 2-22 力偶的不同表示

第四节 平面任意力系

一、平面任意力系的简化

(一)平面任意力系向一点简化

设在刚体上作用一平面任意力系 F_1、F_2、$\cdots F_R$[图 2-23(a)]。在力系所在的平面内任取一点 O,该点称为简化中心。根据力的平移定理,将力系中的各力都平移到 O 点,于是就得到一个汇交于 O 点的平面汇交系 F_1、F_2、$\cdots F_R$ 和一个力偶矩分别为 m_1,m_2,$\cdots m_R$ 的附加平面力偶系[图 2-23(b)]。

平面汇交力系 F_1'、F_2'、F 可以合成为作用在 O 点的一个力 F_R',这个力 F_R' 称为原平面任意力系的主矢[见图 2-23(c)]。

由于

$$F_{Rx}' = F_{1x}' + F_{2x}' + \cdots + F_{nx}' = \sum F_x' \Bigg\}$$

$$F_{Ry}' = F_{1y}' + F_{2y}' + \cdots + F_{ny}' = \sum F_y' \Bigg\}$$

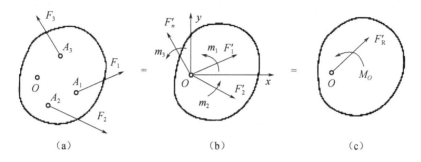

（a）　　　　　　（b）　　　　　　（c）

图2-23　平面内任意力系向一点简化

又

$$F'_{1x} = F_{1x}, F'_{2x} = F_{2x}, \cdots, F'_{nx} = F_{nx} \atop F'_{1y} = F_{1y}, F'_{2y} = F_{2y}, \cdots, F'_{ny} = F_{ny} \Big\}$$

所以

$$F'_{Rx} = F_{1x} + F_{2x} + \cdots + F_{nx} = \sum F_x \atop F'_{Ry} = F_{1y} + F_{2y} + \cdots + F_{ny} = \sum F_y \Big\}$$

主矢 F'_R 的大小和方向为：

$$F'_R = \sqrt{(F'_{Rx})^2 + (F'_{Ry})^2} = \sqrt{(\sum F_x)^2 + (\sum F_y)^2} \atop \tan \alpha = \left| \dfrac{\sum F_y}{\sum F_x} \right| \Bigg\}$$

式中，a 表示主矢 F'_R 与 X 轴所夹的锐角；F'_R 的方向由 $\sum F_x$ 和 $\sum F_y$ 的正负来确定，附加平面力偶系可以合成为一个力偶，其力偶矩 M。称为原平面任意力系对简化中心 O 点的主矩。由平面力偶系合成的理论可知，主矩 M_O 为：

$$M_O = m_1 + m_2 + \cdots + m_n$$

$$m_1 = m_O(F_1), m_2 = m_O(F_2), \cdots, m_n = m_O(F_n)$$

$$M_O = m_O(F_1) + m_O(F_2) + \cdots + m_O(F_n) = \sum m_O(F)$$

即主矩等于原力系中各力对简化中心点之矩的代数和。

综上所述，可得出如下结论：平面任意力系向作用面内任意一点 O 简化后，可得到一个力和一个力偶，这个力称为原力系的主矢，这个力偶的力偶矩称为原力系对简化中心 O 点的主矩。主矢 F'_R 等于原力系的矢量和，其作用线通过简化中心,它与简化中心的位置无关而主矩 M_O 等于原力系中各力对简化中心力矩的代数和,它与简化中心的位置有关,原力系与主矢和主矩的联合作用等效。

(二)简化结果的讨论

平面任意力系向一点简化,一般可得一个力(主矢)和一个力偶(主矩),但这并不是简化的最终结果。当主矢和主矩出现不同值时,简化的最终结果将会有下列情形:

(1) $F_R' \neq 0, M_O \neq 0$。根据力的平移定理的逆过程,可将主矢 F_R' 与主矩 M_O,简化为一个合力 F_R,合力 F_R 的大小、方向与主矢 F_R' 相同,合力 F_R 的作用线与主矢 F_R' 的作用线平行[如图 2-24(a)(b)],但相距:

$$d = \frac{M_O}{F_R'}$$

如图 2-24(c)所示,此合力 F_R 与原力系等效,即平面任意力系简化为一个合力。

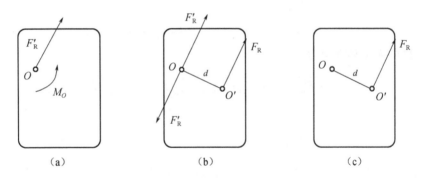

图 2-24 平面内任意力系简化为一个合力

(2) $F_R' \neq 0, M_O = 0$。原力系与一个力等效,即原力系可简化为一个合力。合力等于主矢,合力的作用线通过简化中心。

(3) $F_R' = 0, M_O \neq 0$。原力系与一个力偶等效,即原力系可简化为一个合力偶。合力偶矩等于主矩,此时,主矩与简化中心的位置无关。

(4) $F_R' = 0, M_O = 0$。原力系处于平衡状态,即原力系为一平衡力系

二、平面平行力系的平衡条件及其应用

如果作用在物体上各力的作用线在同一平面内,它们虽然不汇交于一点,但

互相平行,这样的力系称为平面平行力系。

(一)平面平行力系的平衡条件

平面平行力系是属于平面任意力系中的一种特殊情况,因此平面平行力系的平衡问题,可以运用平面任意力系的平衡方程来解决。由于该力系中各力的作用线互相平行,只需选取直角坐标系中的 x 轴与各力的作用线相互垂直,则各力沿两个直角坐标轴 x 和 y 方向分解时,铀方向的分力都等于零,y 轴方向的分力就等于它原来的力。因此,平面平行力系的平衡方程由下面两式组成:

$$\begin{cases} \sum F = 0 \\ \sum M(F) = 0 \end{cases}$$

(二)平衡方程的应用

举例说明平面平行力系平衡方程的应用。例图 2-25(a)表示一桥式起重机。小车连同所吊起重物的重力 $Q = 4 \times 10^4$,桥的重力 $G = 6 \times 10^4$ N,桥全长为 $AB = 12$ m,小车离 A 端距离为 4 m。求小车在此位置时,桥 AB 受到轨道的约束力。

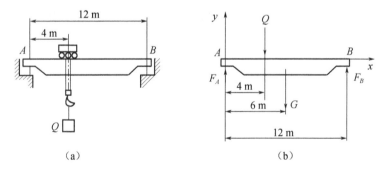

(a)   (b)

图 2-25 桥式起重机受力分析

解:

(1)选取桥 AB 为研究对象。桥在 A、B 两点处受到轨道的约束力 F_A、F_B,它们的方向都是垂直向上,所以桥 AB 的受力如图 2-25(b)所示。

(2)选取直角坐标 x、y,列出平衡方程求解:

$$\sum F = 0, F_A + F_B - Q - G = 0$$

$$\sum M_A(F) = 0, Q \times 4 + G \times 6 - F_B \times 12 = 0$$

第五节　摩擦与润滑

在进行物体的受力分析时,都忽略了物体间的摩擦。摩擦有有利的方面,在工程中常利用摩擦来完成某些特定的工作,例如带传动、摩擦轮传动、摩擦制动。摩擦也有不利的方面,如摩擦会造成动力消耗,零件磨损,使机械设备使用寿命降低,甚至使机械设备报废。因而对这些不利的方面需要通过润滑的方法进行控制。

一、滑动摩擦概述

如果两个相互接触的物体做相对滑动或有相对滑动趋势时,则在接触面上就产生阻碍滑动的力。这种力称为摩擦力。它的方向与相对滑动或有相对滑动趋势的方向相反。

图 2-26 表示重量为 G 的物体,放在固定的水平面上,在其上作用一水平拉力 P。由实验知道,当力 P 逐渐增大,而不超过一定限度时,物体仍保持静止。这是由于物体在受到拉力作用的同时,还受到水平面给它的摩擦力 F 的作用,使物体处于平衡状态。这个摩擦力称为静摩擦力,它的大小可用平衡方程求得:

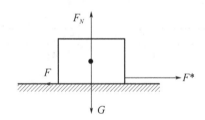

图 2 - 26　物体受力分析

$$\begin{cases} \sum F_X = 0 \\ F^* = F \end{cases}$$

由上述可知,静摩擦力 F^* 的大小是随拉力 P 的增大而增大的,当拉力 F 增大到某一临界值时,物体就处于将要滑动而尚未滑动的临界状态。此时摩擦力达到了最大值 F^*_{MAX} 这个最大值称为最大静摩擦力。所以静摩擦力的大小是在零与最大静摩擦力之间。

实验证明,最大静摩擦力 F^*_{MAX} 的大小与法向反力(或称正压力 F_N)的大小成正比。

$$F_{MAX}^* = fF_N$$

式中,f代表静摩擦因数,它和接触物体的材料、表面状况、温度等因素有关。在图2-26中,如果力P超过最大静摩擦力F^*时,物体就开始滑动,滑动后的摩擦力称为滑动摩擦力,并以F_{MAX}^*表示。实践证明,对于滑动摩擦力F^*,也符合上述规律,即

$$F^* = f'F_N$$

式中,f'滑动摩擦因数(旧称"滑动摩擦系数")。它略小于静摩擦因数。例如钢和钢的静摩擦因数(有润滑)为0.1~0.12,而滑动摩擦因数(有润滑)为0.05~0.1。

二、滚动摩擦概念

上面讨论了两个相对接触的物体在做相对滑动趋势时的摩擦问题,即滑动摩擦问题。现在来讨论工程实际中常遇到的另一类摩擦问题,即滚动摩擦问题。

图2-27(a)表示一放在水平面上的滚子,它的重量为Q,半径为r,在滚子中心处作用着一水平力F。由实践可知,当作用力F不太大时,滚子仍能保持静止状态。这时在滚子上除了受到水平力F和重力Q以外,还受到水平面的法向反力F_N和静摩擦力F'的作用。我们知道,滚子在力F的作用下,一方面有沿力F方向滑动的趋势,同时也有绕接触点滚动的趋势。摩擦力F'阻止了滚子的滑动,但它不能阻止滚子的滚动。那么,究竟什么力阻止了滚子的滚动呢?因为滚子压紧在水平面上,接触面处会发生一定的变形,如图2-27(b)所示,此时反力F_N的作用线实际上已经向前移动了一段距离δ。力F和F'组成一力偶,它要使滚子滚动;而力和N组成的另一力偶,力图阻止滚子的滚动。这种力偶称为滚动摩擦力偶。

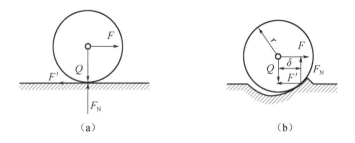

（a）　　　　　　　　　　（b）

图2-27　滚动受力分析

当力F在一定范围内逐渐增大时,力F_N移动的距离δ也随之相应地增大,滚

子还能保持静止状态。当力 F 增大到某一临界值时,滚子处于将要滚动而尚未滚动的临界状态,距离 δ 增大到大值。这时使滚子产生滚动的力,它的力为 F_r;滚动摩擦力偶的力偶矩达到最大值,即

$$M_{\max} = \delta F_N$$

式中,δ 指法向反力 F_N 移动的最大距离,它具有长度的量纲,称为滚动摩擦系数,其大小与接触物体的材料和接触面的情况有关,而与滚子半径的大小无关,其数值可查有关手册。根据上面分析可知,使滚子产生滚动的条件是

$$F_r > M_{\max} \text{ 或 } F_r > \delta F_N$$

使滚子产生滚动所需的力为:

$$P > \frac{\delta}{r} N$$

而使滚子产生滑动所需的力为:

$$P' > fN$$

由于 δ/r 远小于滑动摩擦因数 f',因而 $F'<F$,这就是滚动比滑动省力的原因。

三、润滑

(一)润滑作用

1. 减少摩擦与磨损

润滑在机械设备中形成的油膜,不仅能够分隔运动部件,减少它们之间的直接接触,从而降低摩擦因数,还能有效防止磨损。这种油膜的存在,使得运动部件在相对运动时,能够更加顺畅,减少能量的损失。同时,润滑剂中的添加剂还能在金属表面形成一层保护膜,进一步增强抗磨损效果。这种保护作用对于提高机械设备的使用寿命和性能稳定性至关重要。

2. 降低温度

润滑剂的散热作用在机械设备中不容忽视。它们能够有效地将摩擦产生的热量带走,并通过循环系统将热量散发出去。这种散热作用不仅有助于防止设备过热,还能维持设备的稳定运行。此外,润滑剂还能在金属表面形成一层隔热膜,减少热量的传递,从而进一步降低设备的温度。这种温度控制作用对于保护设备的性能和延长使用寿命具有重要意义。

3. 防止腐蚀与锈蚀

润滑剂中的防腐剂和防锈剂能够有效地保护金属部件免受腐蚀和锈蚀的侵害。这些添加剂能够与金属表面发生化学反应,形成一层致密的保护膜,隔绝水分和腐蚀性物质的侵蚀。这种保护作用不仅能够保持金属部件的光洁度和美观性,还能维持其良好的机械性能和使用寿命。同时,润滑剂还能在金属表面形成一层油膜,进一步增强防腐蚀效果。

4. 清洁作用

润滑剂在机械设备中的清洁作用不容忽视。它们能够在循环过程中将金属屑、灰尘等杂质带走,并通过过滤系统将其滤除。这种清洁作用不仅能够保持设备的内部清洁,还能防止杂质对设备的磨损和腐蚀。同时,润滑剂还能在设备表面形成一层油膜,防止灰尘和杂质的附着,从而进一步保持设备的清洁度。这种清洁作用对于维持设备的正常运行和延长使用寿命具有重要意义。

5. 密封作用

润滑剂在机械设备中的密封作用至关重要。它们能够在填充部件间隙的同时,形成一层油膜,有效地隔绝外部空气和水分的侵入。这种密封作用不仅能够防止杂质对设备的侵害,还能保持设备内部的良好润滑状态。同时,润滑剂还能减缓内部润滑剂的泄漏速度,从而延长设备的使用寿命。这种密封作用对于保护设备的性能和稳定性具有重要意义。

6. 降低噪声与振动

润滑在机械设备中对于降低噪声与振动的作用显著。润滑剂形成的油膜能够减少摩擦和冲击,从而降低噪声和振动的产生。这种降噪作用不仅能够提高操作人员的舒适度,还能减少设备故障的发生。同时,润滑剂还能吸收部分振动能量,进一步降低噪声和振动的传播。这种降噪作用对于提高机械设备的使用体验和延长使用寿命具有重要意义。

7. 提高传动效率

润滑在机械设备中对于提高传动效率的作用不容忽视。润滑剂能够减少传动部件的摩擦阻力,从而降低能量损失。这种减阻作用不仅能够提高传动系统的效率,还能减少设备的能耗。同时,润滑剂还能降低传动部件的温度,减少热变形和热损失,进一步提高传动效率。这种提高传动效率的作用对于提高机械设备的整体性能和节约能源具有重要意义。

（二）润滑材料

1. 润滑油

润滑油主要由基础油和添加剂组成。基础油是润滑油的主要成分,决定了润滑油的基本性质。添加剂则是为了改善或增强润滑油在某些方面的性能,如抗氧化、抗磨损、防腐等。

根据基础油的来源和性质,润滑油可分为矿物油、合成油和生物油三大类。矿物油是从石油中提炼出来的,成本较低,但性能相对一般。合成油则是通过化学合成的方法制得的,具有优异的性能,但成本较高。生物油则是一种环保型的润滑油,由可再生资源制成,具有良好的生物降解性。

2. 润滑脂

润滑脂主要由基础油、稠化剂和添加剂组成。基础油是润滑脂的分散介质,稠化剂则是使润滑脂保持半固态的关键成分。添加剂则是为了改善或增强润滑脂在某些方面的性能,如抗氧化、抗磨损等。

根据稠化剂的种类,润滑脂可分为皂基脂、烃基脂、无机脂和有机脂四大类。皂基脂是最常用的一类润滑脂,由脂肪酸和金属氢氧化物反应制得。烃基脂则是以烃类化合物为稠化剂的润滑脂,具有良好的耐高温性能。无机脂则是以无机物为稠化剂的润滑脂,如膨润土润滑脂。有机脂则是以有机物为稠化剂的润滑脂,如聚脲润滑脂。

（三）润滑油的种类和选用

润滑油中使用最广泛的是矿物油。它是原油中提炼出来的,由于其成本低廉、产量大、性能稳定,因此使用得很广泛。动植物油和人工合成润滑油,因产量少,成本高,只在特殊情况下使用。国产的润滑油所定的品名牌号,大都是按照使用机具的名称来确定的。例如汽油机油用在汽车的汽油发动机上;汽轮机油用在汽轮机上;一般机械上用油,就叫机械油。在润滑油品名前注有数字符号,这是表示同品名的不同黏度。例如机械油号数有 L-AN5、L-AN7、L-AN10、L-AN15、L-AN22 七种。数字越大,黏度就越大。

润滑油的一般选用原则如下:

(1)工作温度低,宜选黏度低的;工作温度高,宜选黏度高的。工作温度超过200 ℃时,要用半固体或固体润滑材料。

(2)运动速度越大越容易形成油膜。在这种情况下宜选黏度小的以降低内摩擦力,降低运动消耗。

(3)压力(负荷)越大,油的黏度越高,以保持油膜存在,不被挤破。

(4)摩擦件结构间隙小精度高的摩擦面,宜选黏度小的;垂直滑动面外露钢轮、链条、钢丝绳的,宜用黏度大的,以减少流失。采用机械循环以及油芯、毛毡滴油系统,要求油的流动性好,宜采用黏度小的。

(四)润滑脂的性能和选用

润滑脂是一种凝胶状润滑材料,由润滑油、稠化剂和添加剂所合成。它有润滑、封闭、防腐和不易流淌等特点,主要应用在加油、换油不方便的地方,如高空行车(桥式起重机)的轮子轴承处;单独润滑或不易密封的滚动轴承;承受冲击和间隔运动的轴承及需要与外界隔绝以防杂质侵入的地方,如箱体的结合面等。

润滑脂种类很多,可根据机械的工作条件来选用。一般工作温度不高,潮湿的金属摩擦件宜用钙基润滑脂;高温重负载处,宜用钠基润滑脂;高速运动机械,宜用锂基润滑脂;精密仪器,宜用铝基润滑脂;外露重负载的机械,宜用石墨脂;承受极大负载的机械,采用二硫化钼润滑脂。

(五)固定润滑材料

由于近代新技术、新工艺的出现,高温、高压技术的应用,一般润滑脂已不能满足需要,从而研制了石墨、二硫化钨、聚四氟乙烯等在高温高压中使用的润滑剂。

(六)润滑方式和润滑装置

(1)手工加入润滑油。系统中有油孔、油嘴和旋盖加油杯。

(2)滴油润滑。常用装置有滴油杯。

(3)油绳油垫润滑。

(4)油杯油链及油轮润滑。

(5)油润滑。发动机中利用曲轴转动把油池中的油送到缸使之得到润滑。

(6)强制送油润滑。由轮泵或转子泵,通过润滑系统的管道,把油压到各个润滑点去,如大型柴油发动机的凸轮轴带动泵向管路中输油进行润滑。

第六节 刚体的定轴转动

在日常生活和生产中,我们经常看到很多物体在旋转。凡是物体绕着固定的轴做旋转的运动,就叫作定轴转动。

一、角速度和线速度

(一)角速度

钟表上的轴以恒定的转速在回转,秒针一分钟转一圈时针 12 小时转一圈,而汽车的传动轴可以用变速器选择各种转速进行回转。物体转动的快慢程度可以用角速度来表示。图 2-28 表示一个转动的物体,它在时间 f 内绕轴 O 转过了一个角度 φ。物体转过的角度 φ 与所用时间的比值叫作角速度,常用字母 ω 表示。

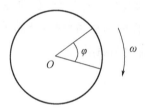

图 2-28 转动物体

角速度的单位是弧度/秒。一弧度等于弧长与半径相等的圆弧所对的圆心角(1 弧度＝57.3°)。在生产中常以每分钟转数(转/分)来表示物体转动的快慢程度,称为转速,用字母 t 表示。角速度与转速之间的关系为:

$$\omega = \frac{2\pi n}{60} \text{ 或 } \omega = \frac{\pi n}{30}$$

(二)线速度

定轴转动物体上的各点都做圆周运动,但每转一角度物体上半径不同的各点通过的路程是不同的。如图 2-29 所示,在转动的砂轮上有半径不同的两点 A 和 B,它们的角速度就是相等的,但通过的路程是不相等的。转动物体上某点可通过路程 s 与通过这段路程所需的时间 t 之比叫作该点的速度,用字母 x 表示,$x = s/t$。

如果转动物体上某点的转动半径是 R,在时间 t 内转过弧度为 p,则通过路程 $s=Rp$。

$$v = \frac{s}{t} = \frac{R\varphi}{t}$$

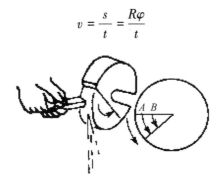

图 2-29　转动的砂轮

即定轴转动物体上某点的线速度等于转动半径与角速度的乘积。线速度与转动半径和转速成正比。

二、向心力和离心力

物体在转动时,它的各点都在做圆周运动。物体圆周运动时出现向心力和离心力两个力。

(一)向心力

如图 2-30(a)所示的实验,用绳的一端系一小球,绳的另一端用手拉住,使小球在做圆周运动,转动半径为 R,小球的线速度为 v。小球在做圆周运动时受到绳子的拉力 P 的作用,这个力的方向总是沿着绳子指向圆心,因此力 P 称为向心力,它与线速度方向垂直。

在圆周运动中,物体线速度的方向不断地改变. 就是由于向心力作用的缘故。如果绳子突然断开如图 2-30(b),小球就失去向心力,那么小球就会由于惯性而沿切线方向飞去。实践证明,物体做圆周运动时,向心力 P 的大小与线速度的大小、转动半径 R 的大小以及物体的质量 m 有关,它们的关系可由下列公式表示:

$$P = m\frac{v^2}{R}$$

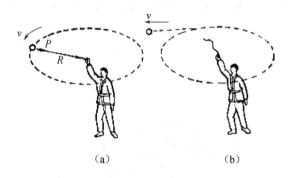

（a） （b）

图 2-30 使小球做圆周运动

（二）离心力

当手拉着绳子使小球做圆周运动时,我们会感到小球对绳子也有一个拉力的作用,方向为离开圆心,这是向心力的反作用力,叫作离心力。根据作用和反作用定律知道,离心力和向心力总是成对地出现,大小相等,方向相反,分别作用在两个物体上。向心力作用在做圆周运动的物体(小球)上,离心力作用在施力物体(手)上。所以物体(小球)在做圆周运动时具有沿着切线方向离开圆心的趋势,在实际生产中,有些机器和机构是利用这一原理制成的。例如,离心水泵、离心油水分离器以及发动机上常用的离心调速器等。而有些机器和机构却由于离心力作用而产生振动、零件损坏以及影响工作质量等严重后果。

（三）力矩功率和转速三者关系

图 2-31 表示一轮子在 A 点受到与半径 R 相垂直的力 F 作用以后,以转速 n 绕轴心 O 转动,A 点的线速度为在这种情况下的功率 P 可按 $P = P_v$ 公式来计算。因为

$$v = \frac{\pi R n}{30}$$

所以

$$P = F\frac{\pi R n}{30} = FR\frac{\pi n}{30}$$

式中,乘积 FR 为力 F 对 O 点的力矩,称为转矩,以 M_O 表示,因此可写成

$$P = M_O\frac{\pi n}{30}$$

经换算,有

$$M_O = 9\,550\,\frac{R}{n}(N \cdot m)$$

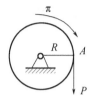

图 2-31 轮子转动情况

从图中可以看出物体在转动时 M_O 与 P 成正比而与转速 n 成反比。机床上电动机的额定功率都是一定的,因此转速越高则转矩越小。如果用割刀切断工件则这时需要有大的转矩,必须降低转速。汽车爬坡时,需要降低车轮的转速来增大转矩,以适应爬坡的能力。

第三章　汽车常用机构

第一节　连杆机构

平面连杆机构可以使机器的工作部分实现有规律的回转运动,并能实现预期的运动轨迹、位移和速度等。例如,筛砂机、剪切机、搅拌机等。平面连杆机构的各构件是用销轴、滑道等方式连接起来的,各构件间的相对运动均在同一平面或互相平行的平面内。最简单的平面连杆机构是由四个杆件组成的,简称平面四杆机构。它的应用非常广泛而且是组成多杆机构的基础。

一、铰链四杆机构的基本形式和应用

如图3-1(a)所示,当平面四杆机构中各杆件之间都是转动副,称为铰链四杆机构。在该机构中,固定不动的杆4,称为机架。与机架用转动副相连接的杆1和杆3,称为连架杆。不与机架直接连接的杆2(通常做平面运动),称为连杆。如果杆1或杆3能绕其回转中心 A 或 D 做整周转动,则称为曲柄。若仅能在小于360°的某一角度内摆动,则称为摇杆。如图3-1(b)为铰链四杆机构的简图。

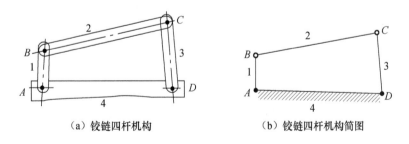

| （a）铰链四杆机构 | （b）铰链四杆机构简图 |

图3-1　铰链四杆机构

1、3—连架杆;2—连杆;4—机架

对于铰链四杆机构来说,机架和连杆总是存在的,因此可按曲柄与摇杆的存在情况,分为三种基本形式:曲柄摇杆机构、双曲柄机构和双摇杆机构。在铰链四

杆机构中,若两个连架杆中一个为曲柄,另一个为摇杆,此种四杆机构即称为曲柄摇杆机构。

如图 3-2 所示,取曲柄 *AB* 为主动件,并做等速转动。当曲柄 *AB* 顺时针方向从 *B* 转到 B_2 时,摇杆 *CD* 上的 *C* 点便移到 C_2 点,而当 *B* 点从 B_2 转到 B_1 时,*C* 点将从 C_2 点摆到 C_1 点。当 *B* 继续从 B_1 转到 B_2 时,则 *C* 点将从 C_1 摆回到 C_2 点。这样,曲柄 *AB* 连续做等速整周转动,从动摇杆 *CD* 将在 C_1C_2 范围内做变速往复摆动。可见,曲柄摇杆机构能将主动件的整周回转运动转换成摇杆的往复摆动。

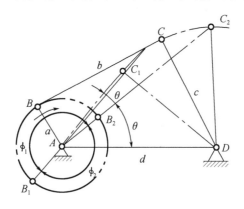

图 3-2　曲柄摇杆机构

如图 3-3(a)中所示为牛头刨床的横向自动进给机构。当齿轮 1 转动时,驱动齿轮 2(相当于曲柄)转动,再通过连杆 3 使摇杆 4 往复摆动,并通过棘轮 5 带动送进丝杠 6 做单向间隙运动,图 3-3(b)是曲柄摇杆机构的运动简图。

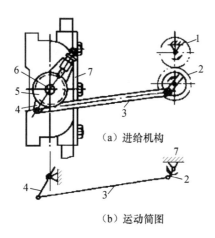

（a）进给机构

（b）运动简图

图 3-3　牛头刨床进给机构

曲柄摇杆机构在生产中应用很广泛,如图3-4所示为一些应用实例简图。图3-4(a)为剪刀机、图3-4(b)为筛子、图3-4(c)为搅拌机、图3-4(d)为碎石机。

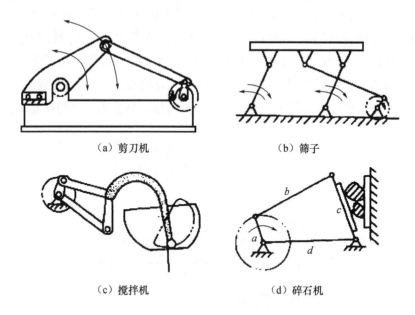

（a）剪刀机　　　　　　　　　　　（b）筛子

（c）搅拌机　　　　　　　　　　　（d）碎石机

图3-4　曲柄摇杆机构应用实例

曲柄摇杆机构中曲柄的整周转动可以转换成摇杆的往复摆动,同样,摇杆的往复运动也可转换为曲柄的整周回转运动。如图3-5所示为一缝纫机的踏板机构。当踏板1(主动件)做往复摆动时,通过连杆2使曲柄3(从动件)做整周转动,再经过带传动驱使机头主轴转动。

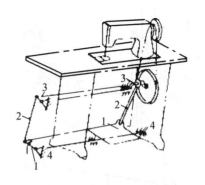

图3-5　缝纫机踏板机构

二、铰链四杆机构的演化形式

在实际机械中,为了满足各种工作的需要,还有许多形式不同的平面机构。它们在外形和构造上虽然存在较大差别,但在运动特性上却有许多相似之处。其实它们都是通过铰链四杆机构演化而来的。

(一)曲柄滑块机构

将曲柄摇杆机构中的摇杆用往复运动的滑块代替,曲柄摇杆机构就演化成了曲柄滑块机构。曲柄滑块机构应用很广。当曲柄为主动件时,可将曲柄的转动转变为滑块的往复移动。当滑块为主动件时,可将滑块的往复移动转变为曲柄的转动,因此可用于内燃机、蒸汽机等机器。图3-6所示柴油机主体机构就是曲柄滑块机构。

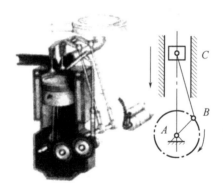

图3-6　柴油机中曲柄滑块机构

(二)导杆机构

曲柄滑块机构中取不同构件为机架,就演化成导杆机构,图3-7所示的东风自卸车机构就是导杆机构,又称曲柄滑块机构。

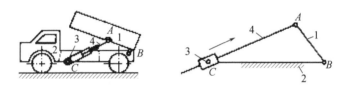

图3-7　东风自卸车中的导杆机构

第二节 凸 轮 机 构

凸轮机构是机械工程中广泛应用的一种高副机构。它能把主动件简单的连续运动转变为从动件按工作要求变化的复杂运动即使从动件的位度和加速度严格地按预定规律变化时,采用凸轮机构较为简便。

一、凸轮机构的基本组成

图 3-8 所示为内燃机中控制气阀开闭的凸轮机构。它通过连续转动的凸轮的轮廓驱动气阀的气门杆往复移动,从而按预定的时间打开或关闭气阀,完成配气要求。弹簧的作用是使气阀组件紧贴凸轮的轮廓曲面。图 3-9 所示为自动床架进给机构。当凸轮 4 转动时其轮廓迫使从动杆 3 往复摆动,通过固定在从动杆上的扇形轮 2 带动刀架下部的齿条使横刀架 1 前、后移动,完成所需要的进刀和退刀运动。

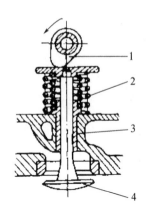

图 3-8　内燃机中控制结构

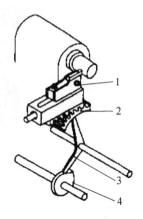

图 3-9　刀架进给结构

如图 3-10 所示为车轴箱内用以改变主轴转速的变速操纵机构。当凸轮 3 回转时,凸轮上的凹槽迫使拨叉沿轴 III 上做往复移动,拨动轴 II 上的三联滑移齿轮滑动,使齿轮 a、b、c 分别与轴 I 上的固定齿轮 d、e、f 相啮合,从而使轴 I 获得三种不同的转速。

从以上三个例子可以看出,凸轮机构主要由凸轮、从动件和机架三个基本构件组成。如图 3-11 所示。在轮机构中轮通常作为主动件并做等速回转或移动,借其曲线轮廓(或凹槽)使动件做相应的运动(摆动或移动)。凸轮机构结构简单、紧凑,但凸轮机构中包含有高副,因此不宜传递较大的动力,而且凸轮的曲线轮廓加工制造比较复杂。所以凸轮机构一般适用于实现特殊要求的运动规律且传力不太大的场合。

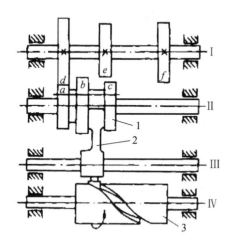

图 3-10　变速操纵机构

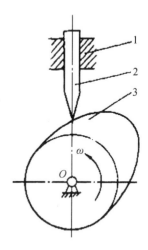

图 3-11　凸轮机构的基本组成

二、凸轮机构的应用特点

(1)凸轮机构可以用在对从动件运动规律要求严格的场合也可以根据实际需要任意拟定从动件的运动规律,如运动轨迹位移量、高度加速度,以及间歇运动的运动时间与间歇时间的比例停歇次数等。

(2)凸轮机构可以高速启动,动作准确可靠。

(3)凸轮机构是高副机构,两构件接触处为点接触或线接触,单位面积上承载压力较高,难以保持良好的润滑,故容易磨损,寿命低。

(4)凸轮机构能传递较复杂的运动。但面对复杂的运动特性,要精确分析和设计凸轮的轮廓曲线比较困难,制造和维修也较困难。随着电子计算机和数控机床的广泛应用,凸轮轮廓曲线的设计、制造将变得方便、容易。

三、凸轮机构的基本类型

(一)按凸轮形状

(1)盘形凸轮。仅具有径向廓线尺寸变化并绕其轴线旋转的凸轮为盘形凸轮

（图3-8、图3-9、图3-11）。盘形凸轮是一个具有变化半径的盘形构件,结构简单是轮的最基本形式。盘形凸轮分为两种:用外轮推动从动件运动的称为外轮凸轮（图3-8、图3-9、图3-11）;用曲线沟推动从动件运动的称为盘形槽凸轮（如图3-12所示）。

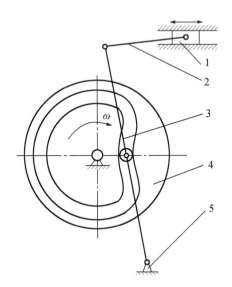

图3-12　盘形槽凸轮送料机构

盘形凸轮做等速回转时,从动件在垂直于凸轮轴线的平面内运动（往复移动或摆动）,因此,盘形凸轮属于平面凸轮,盘形凸轮机构属于平面凸轮机构。由于从动件的行程或摆动太大会引起凸轮径向尺寸变化过大,不利于机构正常工作并增大结构尺寸,因此,盘形凸轮机构一般用于从动件移动或摆动较小的场合。

当盘形凸轮的回转中心趋于无穷远时,即成为移动凸轮,移动凸轮通常做往复直线移动。如图3-13所示移动凸轮机构采用靠模法车削手柄装置。工件1回转时动轮（靠模板）3和工件一起向右做纵向移动,由于移动凸轮的曲线轮廓的推动,从动件（刀架）2带着车刀按一定规律做横向移动,从而车削出具有凸轮表面形状的手柄。移动凸轮机构多用于靠模仿形机械中。

（2）柱体凸轮。轮廓曲线位于圆柱面上并绕其轴线旋转的凸轮称为圆柱凸轮（如图3-10所示）。圆柱凸轮是具有曲线沟槽的圆柱体构件。轮廓曲线位于圆柱端部并绕其轴线旋转的凸轮,称为端面凸轮（如图3-14所示）。

圆柱凸轮和端面凸轮统称柱体凸轮。在柱体凸轮机构中,当凸轮等速回转时,从动件在平行于凸轮轴线的平面内运动,因此,凸轮与从动件的相对运动是空间运动。圆柱凸轮和端面凸轮属于空间凸轮,柱体凸轮机构属于空间凸轮机构。在柱体凸轮机构中,从动件可以通过直径不大的圆柱凸轮或端面凸轮获得较大的行程。空间凸轮中还有锥体凸轮和球体凸轮等类型,由于应用较少,本书不予介绍。

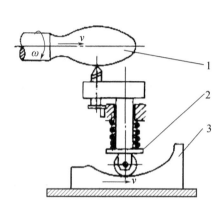

图 3-13 移动凸轮机构

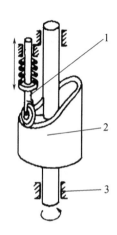

图 3-14 端面凸轮机构

(二)按从动件的形式分类

根据从动件的端部结构形式,凸轮机构分为:尖顶滚子平底和曲面(包括球面)四种类型,每种类型中从动件的运动形式又分为移动和摆动两种。凸轮机构从动件的基本类型及其特点见表 3-1。

表 3-1　凸轮机构从动作的基本类型与特点

从动件端部结构形式	运动形式		主要特点
	移动	摆动	
尖顶			结构简单、紧凑,可准确地实现任意运动规律,易磨损,承载能力小,多用于传力小,速度低、传动灵敏的场合

从动件端部结构形式	运动形式		主要特点
	移动	摆动	
滚子	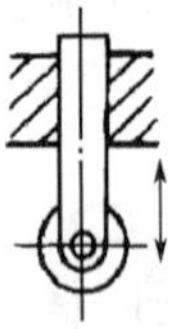	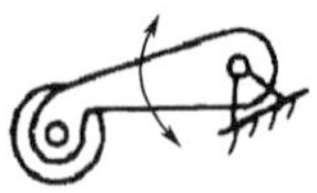	滚子接触摩擦阻力小,不易磨损,承载能力较大;但运动规律有局限性,滚子轴处有间隙,不宜高速
平底	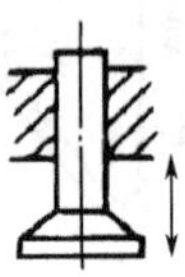	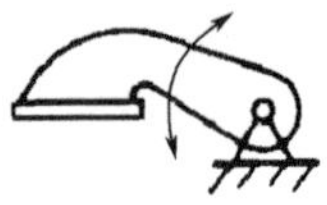	结构紧凑,润滑性能好,摩擦阻力较小,适用于高速;但凸轮轮廓不允许呈凹形,因此运动规律受到一定限制
曲面(含球面)	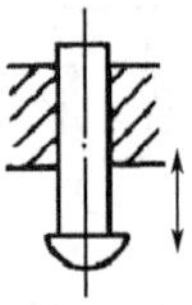		介于滚子形式与平底形式之间

四、凸轮机构的基本参数

(一)基圆半径和行程

如图 3-15 所示的机构中,从动件(杆)在最低位置时,尖顶在点[如图 3-15(a)所示],以凸轮的最小半径所做的圆称为基圆,这个最小半径为基圆半径。当凸轮按逆时针方向转过一个角度 δ 时[如图 3-15(b)],从动件将上升一段距离,即产生一个位移 s。当凸轮转过角度 δ 时,从动件到达最高位置[如图 3-15(c)],此时从动件的最大升距称为行程,用 h 表示,凸轮转动的角度 δ 称为转角(也称为动作角或运动角)。

(二)位移曲线

如果将从动件的位移 s 与凸轮转角 δ 的系用曲线表示[如图 3-15(d)],此曲线称为从动件(杆)的位移曲线($s - \delta$ 线)。由图 3-15 可以看出,从动件的位移 s 是随凸轮转角的变化而变化的,因而也将随时间而变化。因此凸轮以一定的速度运动的规律,都由凸轮的轮廓曲线所决定。反之,从动件的不同运动规律要求凸轮具有不同形状的轮廓曲线。

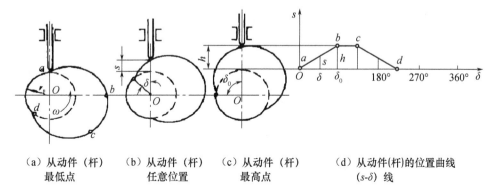

（a）从动件（杆）　　（b）从动件（杆）　　（c）从动件（杆）　　（d）从动件(杆)的位置曲线
　　最低点　　　　　　　任意位置　　　　　　最高点　　　　　　　（s-δ）线

图 3-15　凸轮机构的位移曲线(s-δ)曲线

（三）压力角

如图 3-16 所示的凸轮机构中,从动件(杆)与凸轮轮廓在 A 点接触,凸轮给从动件(杆)一个作用力 F,其方向为沿接触点的法线方向,我们把这个力的作用线与从动件(杆)运动方向之间的夹角,叫作凸轮机构在该点的压力角,用 α 表示。

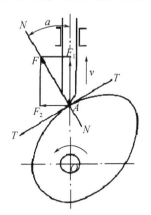

图 3-16　凸轮机构的压力角

（四）凸轮的轮廓曲线

凸轮的轮廓曲线有工作曲线和理论曲线之分。工作曲线是指凸轮与从动件

(杆)直接接触的那个轮廓表面。在尖端接触的凸轮中,理论曲线就是工作曲线。在滚子接触的凸轮中,通过滚子中心并与工作曲线平行的曲线,即为理论曲线。

五、从动件(杆)常用的运动规律

凸轮从动件(杆)的运动规律是根据工作要求来确定的。常用的运动规律有等速运动、等加速或等减速运动、简谐运动等。前一种多应用于低速凸轮机构的工作行程,后几种用于高速凸轮机构的工作行程等。

(一)等速运动

设从动件(杆)位移 s 为纵坐标,凸轮转角 δ 为横坐标,当凸轮做等速转动时,从动件(杆)的上升或下降速度为一常数,其位移曲线为直线(如图 3-17 所示)。这凸轮机构在刚开始的时候,速度突然增加,到达一定的行程后又突然下降,这会产生很大的惯性力,进而引起构件间的刚性冲击,影响机构的正常工作。为了避免这种冲击,可以将此曲线进行修正,用过渡曲线替代始、末端的曲线。

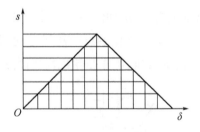

图 3-17　等速运动曲线

(二)等加速或等减速运动

这种运动规律是当凸轮做等速转动时,从动件(杆)运动的加速度为常数,其位移曲线为抛物线(如图 3-18 所示)。曲线的做法是:首先将横坐标一段进行若干等分得 1、2、3……并通过这些点做横坐标的垂直线,然后做一斜线,按 1、3、5……分为相同等分点,取其在纵坐标垂线投影 1′、2′、3′……将这些点与原点 A 相连,连线 A1、A2、A3 与相应垂线分别交于 1″、2″、3″……最后将这些点连成光滑曲线,即可得到 AB 等加速部分的位移曲线。等减速运动部分的曲线也可用同样的方法求得。这种运动规律的特点是仅在曲线 A、B、C 处加速度有定量的变化,因而所产生的惯性力也是有限的,在这种情况下引起的冲击称为柔性冲击。

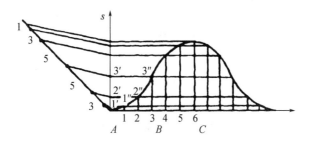

图 3-18 等加速或等减速运动曲线

（三）简谐运动

这种运动是指动点在圆周上做等速运动,在圆的直径上投影所形成的运动。将从动件(杆)的行程 h 作为直径画半圆,并将半圆周长进行若干等分后得到 $1''$、$2''$、$3''$……各等分点(如图 3-19 所示)再把凸轮动作 δ 进行相应的等分并做线。这些垂线与过半圆周长的等分点所做的横轴平行线分别相交于 $1'$、$2'$、$3'$……各点,最后用光滑曲线连接这些点,即可得到从动件(杆)的简谐运动的位移曲线。

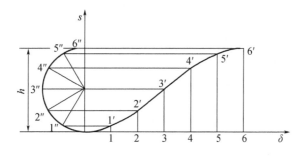

图 3-19 简谐运动曲线

六、凸轮轮廓曲线的画法

当从动件(杆)运动规律确定后就可以根据其位移曲线,画出凸轮的轮廓曲线。

（一）尖端对心移动从动件(杆)盘形凸轮轮廓曲线的画法

已知盘形凸轮的基圆半径为 40 mm,凸轮顺时针方向转动,从动件(杆)的运动规律如下：

0°～90°　　　　等速上升 20 mm

90°～180°　　　停止不动

180°～360　　　等速下降 20 mm

（1）画位移曲线

取横坐标表示凸轮的动作角 δ，纵坐标表示从动件（杆）的动程［如图 3-20(b)所示］。按一定的间隔（图中为 30°）得到 11′、22′、33′……做出位移曲线。

（2）画凸轮轮廓曲线

①在基圆上做等分角线。用与位移曲线相同的比例为圆心以 40 mm 为半径做凸轮基圆［如图 3-20(a)］，沿着与凸轮运动的相反方向从 O 点开始按位移曲线上划分的角度，在基圆上做等分角线（即 0°～90° 为三等分，90°～180° 不做等分，180°～360° 为六等分），画出相应的向径 $0a_0$、$0a_1$、$0a_2$……$0a_9$。

②延长各等分角线，分别取位 $a_{11} = 11′$、$a_{22} = 22′$、$a_{99} = 99′$。

③接 0、1、2……9 等各点连成一圆滑曲线，即可得到上升、停止、下降各段的凸轮轮廓曲线。在从动件（杆）停止不动的部分，其凸轮轮廓曲线是以 0 为圆心的圆弧。这种做凸轮轮廓曲线的方法，称为反转法。

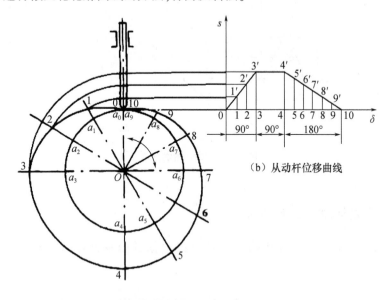

（b）从动杆位移曲线

（a）凸轮轮廓曲线

图 3-20　尖端对心移动从动件(杆)凸轮轮廓曲线

（二）对心滚子移动从动件（杆）的画法

已知圆盘凸轮的基圆直径为 40 mm,滚子直径为 8 mm,凸轮向顺时针方向转动,其动作角和动程如下：

0°～180°	等速上升 18 mm
180°～180°	突然下降 5 mm
180°～270°	停止不动
270°～360°	等速下降 13 mm

画凸轮轮廓曲线：

（1）按直径 40 mm 作基圆［如图 3-21（a）］,并把基圆分成 12 等分（等分数越多做出来的曲线越准确）。

（2）按 12 等分做运动［如图 3-21（b）］,把 1-1′、2-2′、3-3′……移到基圆各等分点上,得出 1″、2″、3″……

（3）用平曲线（线板）接 1″、2″、3″……即得理论线。

（4）以 1″、2″、3″……为圆心,滚子半径（4 mm）为半径做圆,然后用平滑曲线把圆的里边连起来,即得工作曲线。

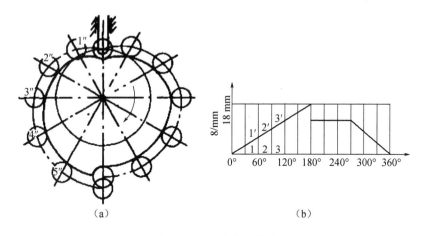

（a）　　　　　　　　　　　（b）

图 3-21　圆盘凸轮的画法

（三）偏位圆盘凸轮的画法

从动件（杆）不通过中心的圆盘凸轮叫作偏位凸轮,其画法如下：已知偏位圆盘凸轮的直径为 40 mm,从动位为 10 mm 为 8 mm,凸轮向逆时针方向转动,其运动规律如下；

    0°~180°　　　　　按简谐运动上升 18 mm

    180°~360°　　　　按等加速和等减速运动下降 18 mm

画凸轮轮廓曲线：

（1）以 O 为圆心以 20 mm 为半径做基圆[如图 3-22(a)]。

（2）做从动件偏移直线 1-1′。

（3）以 O 为心等于 10 mm 为半径并把此分成 12 等分。

（4）做 1、2、3……12 的切线得 1-1′、2-2′、3-3′……12-12′。

（5）画位移曲线图[如图 3-22(b)]。

（6）将位移曲线上的每段距离 2-2′、3-3′……12-12′移到各等分线上的 2^N、3^N、4^N……12^N。

（7）以 1^N、2^N、3^N、4^N……12^N 为圆心以滚子（4 mm）为半径做各个圆。

（8）用平滑曲线连接两边就得到偏位圆盘凸轮轮廓曲线。

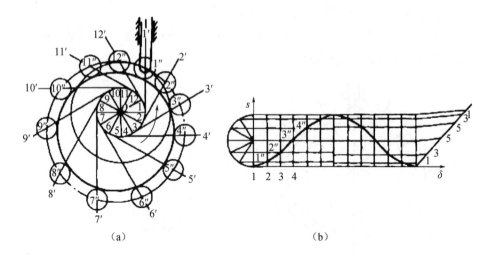

（a）　　　　　　　　　　　　　　（b）

图 3-22　偏位圆盘凸轮的画法

（四）圆柱凸轮的画法

画圆柱凸轮的方法基本上与画圆盘凸轮相同。它主要是画一个展开图，这个展开图可以代替圆盘凸轮中的正视图和位移曲线图。已知圆柱凸轮从动件在转动 180°中以简谐运动上升一定高度，然后以等加入等减速运动下降，试画圆柱凸轮。

画凸轮轮廓曲线：

(1)画视图和开图(如图3-23)。展开图的长度为 πD,它的等分数可以分成12、16、24等。

(2)做半圆,按要求绘制所得的曲线就是从动件上滚子的中心轨迹。

(3)以滚子半径为半径,在中心轨迹上做很多小圆,然后连接各个圆外边和里边就得出圆柱凸轮的工作表面(曲线槽)。

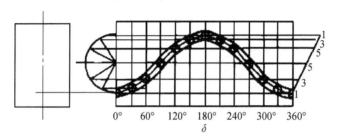

图3-23 圆柱凸轮的画法

第三节 间歇机构

将主动件的连续运动,转换为从动件的周期性时动时停的机构,称为间歇运动机构。随着机械化程度的提高,间歇运动机构的应用也日趋广泛,例如,电影放映机的卷片机构、剪切机械的送料机构、牛头刨床的横向进给机构、刀架转位机构和印刷机的进纸机构等,都用了间歇运动机构。间歇运动机构种类较多,这里只介绍常用的棘轮机构和槽轮机构。

一、棘轮机构的工作原理及应用

典型的棘轮机构,如图3-24所示,它是由棘轮1、棘爪2、机架以及止回棘爪5等组成。弹簧6使止回棘爪5和棘轮1始终保持接触。当曲柄连续转动时,摇杆做往复摆动。当摇杆逆时针摆动时,棘爪便嵌入棘轮的齿槽中,棘爪被推动向逆时针方向转过一个角度;当摇杆顺时针摆动时,棘爪便在棘轮齿背上滑过,这时止回棘爪阻止棘轮顺时针转动,故棘轮静止不动。这样当摇杆做连续摆动时,棘轮就做单向的间歇运动。棘轮机构的类型很多,按照工作原理可分为啮齿式和摩擦式,按结构特点可分为外接式和内接式。下面介绍几种常用的棘轮机构。

(一)具有棘齿的棘轮机构

单动式轮机构,如图 3-24 的轮机即为单动式棘轮机构的基本形式。手动扳手(如图 3-25 所示)就是这种形式。使用 1 中的方孔及套筒件套在螺母上,用手扳动手柄 4 使其往复摆动,用爪 3 动轮 1 单方向转动从而拧动螺母。弹簧片 2 是压紧棘爪的。

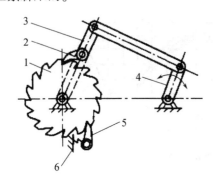

图 3-24　单动式轮机构

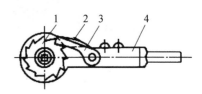

图 3-25　示例图

单动式棘轮机构的另一种形式是内啮合的,如自行车上的飞轮机构,就是内啮合单动式棘轮机构(如图 3-26 所示),当链轮 1 顺时针转动时带动轴 2(即自行后轮)转动使自行车前进,当链轮 1 逆时针转动时,爪 3 在链轮内背上滑过则轴 2 不转动,反之当链轮不转动即脚不蹬时轴 2 可顺时针转动,车轮可借助惯性继续转动,因此自行车滑行时发出"嗒嗒……"响声。单动式棘轮机构还常用作防止机构逆转的停止器,这种棘轮停止器广泛用于卷扬机、提升机和运输机等设备中,如图 3-27 所示即为提升机的棘轮停止器。

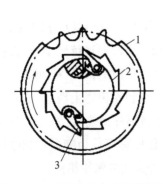

图 3-26　内啮合单动式棘轮机构

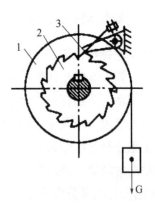

图 3-27　提升机的棘轮停止器

(二)双动式棘轮机构

如图 3-28 所示为双动式棘轮机构,它同时应用两个棘爪,分别与棘轮 2 接触,当主动件 1 往复摆动时,两个棘爪都能先后使棘轮同向转动,即主动件摆动一次,两个棘爪先后推动棘轮使棘轮转动两次。棘爪的形状可以是直的,推动棘轮转动,也可以是带钩头的,勾动棘轮转动。

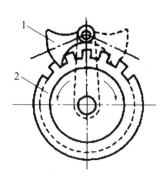

图 3-28 双动式棘轮机构

(三)可变向棘轮机构

这种机构的棘爪 1 可以绕本身轴翻转。爪端外形两边对称,棘轮 2 的形制成矩形。使用时如果将棘爪翻过来,放到图示虚线位置(如图 3-28 所示)则使棘轮与原方向呈相反方向转动。因此,这种棘轮机构可以方便地实现两个方向的间歇运动。

(四)摩擦齿轮机构

如图 3-29 所示为摩擦轮机构中的一种。棘轮 2 通过与 3 之间的摩擦来传递运动,棘爪 1 是用来制动的。为了增大摩擦力,常在棘轮上做成梯形的槽。摩擦齿轮机构的使用优点是无噪声,多用于轻载间歇运动机构。棘轮机构结构简单,制造方便,轮转角大小在一定范围内可方便调节。但是棘爪和棘轮开始接触的瞬间会发生冲击和噪声、传动平稳性较差,故常用于低速、轻载、转角小或转角大小需要调节的场合。

轮转角的调节方法。根据棘轮机构使用要求,常需调节棘轮的转角。转角的调节方法有:

（1）通过调节曲柄摇杆机构中曲柄的长度来改变摇杆的摆角从而改变转角。

（2）利用遮板调节转角。

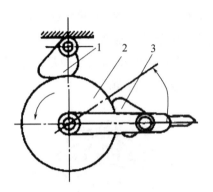

图 3-29　摩擦轮机构

二、槽轮机构

（一）轮机构的工作原理

槽轮机构能把主动轴的等速连续运动转变为从动轴周期性的间歇运动。槽轮机构常用于转位或分度机构。如图 3-30 所示为一单圆外啮合槽轮机构，它由带销 2 的主动拨盘 1、具有径向槽的从动槽轮 3 和机架等组成。槽轮机构工作时，拨盘为主动件并以等角速度连续回转，从动槽轮做时转时停的间歇运动。

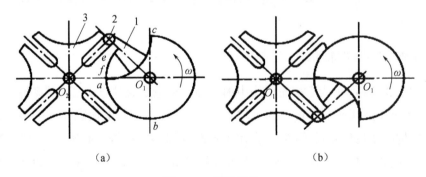

（a）　　　　　　　　　　　　　　　（b）

图 3-30　槽轮机构

当圆销 2 未进槽轮的时候，内凹锁止弧被拨盘的外凸圆弧卡住，故槽轮静止不动。如图 3-30(a) 所示为圆销 2 刚开始进槽轮径向槽的位置，这时锁止弧刚好被松开,随后槽轮受圆销2的驱使而沿反向转动。当圆销2开始脱出槽轮的径向槽时[如图3-30(b)],槽轮的另一内凹锁止弧又被曲柄的外圆弧卡住致使槽轮静止不动,直到曲柄上的圆销2进入下一径向槽时,才能重复上述运动。这样拨盘每转一周,槽轮转过两个角度。

(二)槽轮机构的特点和应用

槽轮机构的特点是:构造简单,外形尺寸小,工作可靠。但槽轮的转角大小不能调节,圆销与轮槽间冲击较严重,尤其是在槽轮径向槽数目较少的情况下更为明显,因此在设计槽轮机构时不能将槽轮的槽数选得很少,在生产实际中用的槽轮机构,其槽数常取4~8个。

由于上述特点,所以槽轮机构一般应用在转速不高、要求断续地转过某一特定角度的装置中。例如,在自动机上,用以间歇地转动刀架或工作台;在化工厂管道系统中,用以启闭阀门;在电影放映机中,用作卷片机构(如图3-31所示),为了适应人们的视觉暂留现象,要求影片做间歇运动,它采用四槽槽轮机构,当传动轴带动圆销每转过一周,槽轮相应地转过90°,因此能使影片的画面做短暂的停留。图3-32为六角自动车床的刀架转位机构。当圆销1进、出槽轮一次则可推动槽轮2转过60°,并且使下一工序的刀具转到工作位置。为了满足零件加工工艺要求,自动变换所需刀具,采用六槽的槽轮机构,拨盘每转动一周,槽轮相应地转过60°,并且使下一工序的刀具转到工作位置。

图3-31　放映机的卷片结构

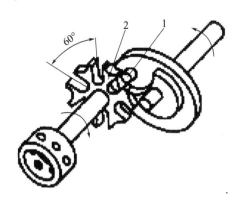

图3-32　刀架转位机构

单圆销外啮合的槽轮机构,曲柄旋转一周时,槽轮转过一个槽口完成一次间歇运动。槽轮的转向与曲柄的转向相反。内合槽轮机构[如图3-33(a)所示]槽轮的旋转方向和曲柄的旋转方向相同。双销外合槽轮机构[如图3-33(b)]中转一周双圆销即可使槽轮间歇地转动两次。

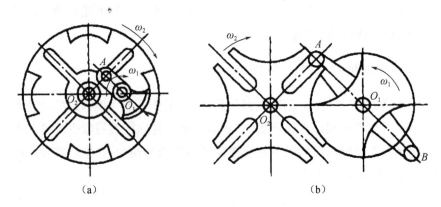

（a）　　　　　　　　　　　（b）

图 3-33　单圆销外啮合的槽轮机构

第四章 汽车常用机构的受力与承载力

第一节 汽车常用机构的受力

一、概述

汽车常用机构在汽车中扮演着至关重要的角色,它们是汽车正常运作的基础。这些机构包括发动机、变速器、传动系统等,每一个都是汽车不可或缺的部分。它们在汽车运行过程中,受到各种力的作用,这些力会对机构的运动和性能产生重要的影响。因此,研究这些机构的受力情况,对优化设计、提高汽车性能和可靠性有着非常重要的意义。

首先,发动机是汽车的心脏,它为汽车提供动力。在发动机工作过程中,会受到燃烧压力、曲轴扭矩、连杆力等多种力的作用。这些力的大小、方向和作用点都会影响到发动机的性能和可靠性。通过对发动机的受力分析,可以优化设计,提高发动机的效率和可靠性,从而提高汽车的燃油经济性和可靠性。

其次,变速器是汽车传动系统中的重要组成部分,它的主要作用是改变发动机的转速和转矩,以满足汽车在不同工况下的需求。这些力的大小和方向都会影响到变速器的传动效率和稳定性。通过对变速器的受力分析,可以优化设计,提高变速器的传动效率和稳定性,从而提高汽车的驾驶性能和舒适性。

最后,传动系统是连接发动机和车轮的重要部件,它的主要作用是将发动机的动力传递给车轮,使汽车得以行驶。这些力的大小和方向都会影响到传动系统的效率和稳定性。通过对传动系统的受力分析,可以优化设计,提高传动系统的效率和稳定性,从而提高汽车的行驶性能和可靠性。

汽车常用机构的受力情况对机构的运动和性能产生重要影响。同时,受力分析也是评估机构可靠性和寿命的重要手段。通过分析受力情况,可以预测机构在不同工况下的行为,从而提前采取措施防止机构损坏或失效,这有助于提高汽车的可靠性和耐久性,延长机构的使用寿命,降低维修成本。此外,随着科技的进步和新能源汽车的发展,汽车常用机构也在不断演变和创新。例如,电动汽车的电机控制器、混合动力汽车的能量管理系统等新型机构逐渐成为研究的热点。这些新型机构在设计和性能上与传统机构有很大的不同,其受力情况也更为复杂。因此,深入研究这些新型机构的受力情况,对于推动新能源汽车技术的进步和发展也具有重要意义。

研究汽车常用机构的受力情况对于优化机构的设计、提高汽车的性能和可靠性具有重要意义。同时也有助于评估机构的可靠性和寿命,提高汽车的可靠性和耐久性。随着科技的不断进步和创新,对汽车常用机构的受力研究也将不断深化和拓展,为未来汽车技术的发展提供有力支持。

二、汽车常用机构的受力分析

发动机是汽车的核心部件,其受力情况主要来自燃烧压力、气缸内气体压力、曲轴的惯性力等。这些力会对发动机的曲轴、气缸等部件产生作用,影响发动机的性能和寿命。因此,需要对发动机的受力情况进行详细的分析和研究,以优化发动机的设计和制造。

(一)燃烧压力

燃烧压力是发动机在燃烧过程中产生的压力,它直接关系到发动机的动力输出。在汽油或柴油与空气混合后被点燃的瞬间,会产生巨大的压力,这个压力会推动活塞向下运动,从而产生动力。因此,燃烧压力的大小对发动机的性能有着显著的影响。

燃烧压力的大小直接影响到发动机的动力输出。如果燃烧压力过大,可能会导致气缸、活塞等部件的过度磨损或损坏,从而影响发动机的使用寿命。如果压力不足,则可能导致动力不足、燃油效率低下等问题。因此,在发动机设计和制造过程中,燃烧压力的管理是关键的一环。

为了优化燃烧压力的管理,工程师们需要对发动机的燃烧过程进行深入的研究。通过对燃烧过程的模拟和分析,可以了解燃烧压力的大小和分布情况,从而优化发动机的设计。例如,通过调整气缸盖的设计、改变进排气系统的结构、优化燃油喷射系统等措施,可以改善燃烧过程,从而控制燃烧压力的大小和分布。此外,燃烧压力的管理还需要考虑排放控制的问题。随着环保意识的提高,汽车的排放标准也越来越严格。因此,工程师们需要在保证发动机动力和燃油效率的同时,尽可能地降低排放物中污染物的含量。通过优化燃烧过程和采用先进的排放控制技术,可以有效地降低发动机的排放物中污染含量,从而满足日益严格的排放标准。

(二)气缸内气体压力

气缸内的气体压力是发动机工作过程中一个重要的参数。随着发动机的工作循环,气缸内的气体压力经历着周期性的变化。在压缩冲程中,活塞向上运动,将空气压缩,导致气缸内的气体压力迅速上升。这个上升的压力会对气缸壁和活塞产生一个向下的作用力,使气缸壁和活塞承受较大的负荷。在压缩冲程的末期,火花塞点燃混合气体,使气缸内的气体急剧膨胀,产生更高的压力,这个压力进一步加速了活塞的运动,从而推动发动机输出动力。

在膨胀冲程中,活塞向下运动,气体向外膨胀,导致气缸内的气体压力下降。此时,气缸壁和活塞受到一个反向的作用力,这个作用力使气缸壁和活塞受到向上的推力。在膨胀冲程结束时,气缸内的气体压力降至最低点,随后活塞进入下一个工作循环。这种周期性的压力变化会对气缸壁和活塞产生周期性的疲劳作用。在压缩和做功冲程中,气缸壁和活塞受到高负荷的作用力,而在膨胀冲程中,又受到反向的作用力。这种反复的压力变化使气缸壁和活塞产生交变应力,容易导致疲劳裂纹的出现和扩展。疲劳裂纹的出现会降低气缸壁和活塞的强度和耐久性,进而影响发动机的性能和使用寿命。

为了延长发动机的使用寿命,需要采取措施降低气缸内的气体压力对气缸壁和活塞的疲劳作用。例如,可以通过优化气缸壁和活塞的材料、结构和工艺来提高其抗疲劳性能。此外,还可以通过改进发动机的燃烧系统和进排气系统来改善燃烧过程,从而降低气缸内的气体压力和温度波动幅度。这有助于减小气缸壁和活塞所受的交变应力,延长其使用寿命。

另外,对于一些高性能的发动机,可以采用特殊的气缸材料和表面处理技术来提高其耐疲劳性能。例如,使用高强度合金钢、陶瓷涂层等材料来制造气缸壁和活塞,可以显著提高其承受高负荷和高温的能力。这些技术可以有效提高发动机的可靠性、耐久性和燃油效率。气缸内的气体压力对发动机的性能和使用寿命有着重要的影响。通过对气缸内气体压力的管理和控制,可以优化发动机的设计和性能,提高燃油效率、降低排放物中污染物含量,从而为汽车工业的发展和环保事业的推进做出贡献。

（三）曲轴的惯性力

曲轴的工作原理是发动机中最为基础和重要的,因为它决定了发动机能够产生的扭矩和转速。因此,曲轴的设计和制造质量对发动机的性能和可靠性有着至关重要的影响。

在曲轴旋转过程中,由于自身质量引起的惯性力是不可避免的。这些惯性力随着发动机转速的提高而增加。当曲轴转速增加时,其自身质量产生的惯性力也相应增大。这些惯性力可能导致曲轴的弯曲和扭曲,进一步影响发动机的性能和寿命。

为了克服这些惯性力对曲轴的影响,通常需要采取一系列措施来增强曲轴的刚度和稳定性。首先,选择高强度材料是关键。现代发动机曲轴通常采用高强度合金钢或铸铁制造,这样可以承受更高的扭矩和转速。其次,优化曲轴的结构设计也是至关重要的。通过对曲轴的形状、尺寸和重量分布进行精心设计,可以减小惯性力的影响,提高曲轴的刚度和稳定性。

为了进一步提高曲轴的刚度和稳定性,一些先进的发动机还采用了平衡机构。平衡机构通过抵消曲轴上产生的惯性力,使其保持平衡状态,从而减小弯曲和扭曲的程度。这些平衡机构通常包括平衡块、平衡轴和减震器等部件,通过精心设计和优化,可以显著提高曲轴的稳定性和发动机的性能。

除了刚度和稳定性问题外,曲轴的润滑和散热也是需要关注的问题。曲轴在工作过程中需要良好的润滑以减小摩擦和磨损,同时还需要有效地散热以防止过热和变形。因此,发动机润滑系统和冷却系统的设计也需要充分考虑曲轴的需求,以确保其正常工作和延长使用寿命。

另外,对于一些高性能的发动机,曲轴的制造精度和装配质量也是至关重要的。在制造过程中,曲轴需要进行精密加工和热处理,以确保其几何精度、表面光洁度和材料性能。同时,在装配过程中也需要严格控制安装位置和拧紧力矩,以确保曲轴与相关部件之间的正确配合和动平衡。曲轴作为发动机中最重要的部件之一,其性能和寿命对发动机的性能和可靠性有着直接的影响。为了提高曲轴的刚度和稳定性、润滑和散热效果以及制造精度和装配质量,需要综合考虑材料、设计、制造和装配等多个方面的因素。同时,随着科技的不断进步和创新,曲轴的设计和制造技术也将不断发展和完善,为未来的汽车技术发展提供更多的可能性。

（四）其他受力

1. 摩擦力

摩擦力是发动机中不可避免的一种力。发动机内部的机械运动导致了各部件之间的摩擦，如活塞与气缸壁之间的摩擦、轴承与轴之间的摩擦等。这些摩擦不仅会产生额外的阻力，消耗发动机的功率，还会导致部件的磨损，影响发动机的寿命。为了减小摩擦阻力，现代发动机通常采用润滑油进行润滑，以减少部件之间的直接接触和磨损。同时，选择低摩擦系数、高耐磨性的材料也是减小摩擦的关键措施。

2. 热载荷

热载荷也是发动机中需要考虑的重要因素。发动机在工作过程中会产生大量的热量，这些热量会导致各部件的温度升高，产生热变形和热应力。高温会导致金属材料的机械性能下降，产生疲劳和蠕变，加速部件的损坏。因此，发动机的热管理至关重要。现代发动机通常采用冷却系统来控制各部件的温度，防止过热，保证发动机在适宜的温度下工作。

3. 振动载荷

发动机在工作过程中会产生振动，这些振动可能来源于气缸内气体压力的变化、曲轴的不平衡旋转、传动系统的振动等。振动会导致部件的疲劳损坏、松动和噪声等问题。为了减小振动，现代发动机通常采用平衡机构、减震器和隔振器等措施来降低振动幅度和频率，提高发动机的可靠性和舒适性。

此外，在某些特殊的应用场合，如赛车或高性能发动机中，还需要考虑其他附加的动力。例如，为了提高发动机的输出功率，可能会采用增压技术，如涡轮增压或机械增压。这些增压技术会增加气缸内的气体压力和温度，进一步加大活塞和气缸壁之间的作用力，这对发动机的性能和可靠性提出更高的要求。

发动机在工作中受到多种力的作用，这些力对发动机的性能和寿命产生重要影响。为了提高发动机的性能和可靠性，需要综合考虑各种力的作用，采取有效的措施进行优化和控制，包括材料选择、结构设计、润滑系统、冷却系统、平衡机构等方面的综合考虑。

（五）优化设计与制造

通过对发动机的受力分析，我们可以发现其设计和制造过程中需要考虑多方面的因素。为了提高发动机的性能和寿命,需要采取一系列的优化措施,例如,优化气缸和活塞的设计以抵抗高燃气压力;选择高强度材料以抵抗高惯性力;改善润滑系统以减小摩擦力;采用先进的冷却技术以降低热负荷等。

通过对发动机的受力分析,可以深入了解其工作原理和性能特点。这不仅有助于我们发现潜在的问题和薄弱环节,还可以为优化设计和制造提供理论依据和实践指导。随着科技的不断进步和新材料、新工艺的应用,有理由相信未来的发动机将会更加高效、可靠和环保。而这一切都离不开对发动机受力分析的深入研究和实践经验的积累。因此,不断探索和创新是推动发动机技术发展的永恒主题。

发动机作为汽车的心脏,其性能直接影响着车辆的整体表现。而要提高发动机的性能,优化设计与制造是至关重要的。现代发动机设计需要综合考虑多种因素,从材料、结构到制造工艺,每一个环节都对发动机的性能和寿命产生影响。首先,材料的选择是发动机设计的基础。随着科技的进步,新型材料如高强度合金钢、钛合金、陶瓷等不断涌现,为发动机的制造提供了更多的可能性。这些新材料具有更高的强度、耐热性、耐磨性等特点,能够显著提升发动机的性能和寿命。例如,使用钛合金可以减轻活塞的重量,提高发动机的响应性和燃油效率;而陶瓷材料则能抵抗极高的温度,为高性能发动机提供更好的散热和耐久性。其次,结构设计也是关键的一环。现代发动机设计趋向于更紧凑、更轻量化。通过引入先进的计算机辅助设计(CAD)和优化软件,工程师可以对发动机进行详细的分析和模拟,从而在早期阶段就发现并解决潜在的问题。此外,流线型设计、模块化设计等理念也被广泛应用,以提高发动机的空气动力学性能和可靠性。

除了材料和结构设计,制造工艺同样重要。精密铸造、数控加工、激光焊接等先进制造技术为发动机制造提供了高精度、高质量的产品。这些技术能够确保各部件的几何精度和配合公差,减小摩擦和振动,从而提高发动机的性能和可靠性。同时,先进的表面处理技术如喷丸强化、渗碳淬火等也被广泛应用于提高部件的耐磨性和抗疲劳性能。另外,智能化和绿色制造也是未来发动机制造的重要方向。通过引入工业互联网、大数据和人工智能等技术,可以实现发动机制造过程的智能化监控、预测性维护和优化制造流程。这不仅可以提高生产效率和产品质量,还能降低能耗和减少排放,符合可持续发展的要求。优化设计与制造是提升发动机性能的关键。通过综合考虑材料、结构、制造工艺等多方面因素,结合先进的技术和方法,可以打造出高性能、高可靠性、低油耗的发动机。这不仅能够提高汽车的性能和用户体验,还有助于推动整个汽车产业的创新和发展。

三、曲轴的受力分析

(一)变速器受力分析

变速器是汽车传动系统中的重要组成部分,其受力情况主要来自输入轴和输出轴的扭矩、变速器内部的摩擦力等。这些力会对变速器的齿轮、轴承等部件产生作用,影响变速器的性能和寿命。因此,需要对变速器的受力情况进行详细地分析和研究,以优化变速器的设计和制造。

变速器内部的摩擦力主要来源于各部件之间的润滑油膜和机械接触。例如,齿轮在转动时,齿面之间的润滑油膜会产生摩擦力;轴承在转动时,珠与轴承内外圈之间的接触会产生摩擦力。这些摩擦力在变速器正常工作时是必要的,因为它们有助于减少部件之间的磨损。然而,过大的摩擦力会导致变速器的效率降低,产生额外的热量,甚至可能损坏部件。变速器在工作时,由于各部件的转动和力的变化,会产生振动。这种振动可能由多种因素引起,如齿轮间的啮合、轴承的转动不均匀等。振动会导致变速器内部的部件承受周期性的应力变化,这不仅可能引起疲劳损伤,还可能影响变速器的稳定性和性能。为了减小振动对变速器的影响,通常会采取一系列措施,例如优化齿轮设计和轴承配置、选用减振材料等。

(二)传动系统受力分析

传动系统是汽车中连接发动机和车轮的重要部件,其受力情况主要来自发动机扭矩、车轮反作用力等。这些力会对传动系统的离合器、传动轴等部件产生作用,影响传动系统的性能和寿命。因此,需要对传动系统的受力情况进行详细的分析和研究,以优化传动系统的设计和制造。发动机作为汽车的动力源,其输出的扭矩是传动系统中的主要受力因素。当发动机工作时,曲轴输出的扭矩通过离合器和传动轴传递到车轮。这个过程中,扭矩会对离合器、传动轴和车轮产生作用力。这些力的大小取决于发动机的转速和扭矩大小。

离合器是发动机和传动系统之间的连接部件,它能够使发动机和传动系统之间实现接合或分离。在接合状态下离合器将发动机的扭矩传递到传动轴,这时离合器会受到较大的扭矩作用力。如果离合器设计不合理或操作不当,可能会导致离合器过载或损坏。车轮与地面接触时,会受到来自地面的摩擦力,这种摩擦力会对车轮产生反作用力。当汽车加速行驶时,车轮会受到向后的反作用力;当汽车减速行驶时,车轮会受到向前的反作用力。这些反作用力会对传动系统的各部件产生作用,使它们承受周期性的载荷变化。对于传动轴来说,车轮反作用力会导致其承受扭矩的作用力。如果传动轴设计不合理或装配不当,可能会导致传动轴弯曲或扭曲,从而引起振动和噪声。

四、汽车常用机构的优化设计

通过对汽车常用机构的受力分析,可以进一步优化机构的设计。例如,优化曲轴的结构和材料可以提高曲轴的刚度和耐久性;优化轴承的几何形状和润滑条件可以提高轴承的承载能力和寿命;优化离合器的设计可以减小离合器的振动和噪声等。这些优化措施可以提高汽车的性能和可靠性,降低汽车的维修成本和使用成本。

在汽车设计和制造过程中,常用机构的选择与优化是至关重要的。这些机构包括离合器、变速器、传动轴、差速器等,它们直接影响汽车的行驶性能、驾驶体验和安全性。下面将重点探讨汽车常用机构的设计优化,以提升其性能和可靠性。

(一)离合器优化设计

离合器的作用是在发动机和传动系统之间传递动力,并且能够控制动力的接合和分离,保障车辆的正常运行。在汽车起步时,离合器能够将发动机的动力逐步传递给传动系统,使车辆平稳起步。如果离合器性能不佳,起步时会发生打滑或者振动,影响驾驶的舒适性。此外,当车辆换挡时,离合器的作用是暂时切断发动机与传动系统的连接,以便于换挡操作。如果离合器性能不良,换挡时会发生冲击或者不顺畅,影响驾驶的平顺性。

除了影响汽车的起步和换挡质量外,离合器的性能还关系到发动机的动力输出和燃油经济性。如果离合器打滑或者摩擦片磨损严重,会导致发动机的动力无法充分传递给传动系统,从而影响车辆的动力性和燃油经济性。因此,对于汽车的正常运行和保养,保持离合器的良好状态是非常重要的。为了提高离合器的性能,可以采用一些先进的离合器技术和材料。例如,采用高性能的摩擦材料可以提高离合器的耐磨性和寿命;采用液压或气压的离合器控制系统可以提高离合器的响应速度和控制的准确性;采用智能化的控制策略可以优化离合器的控制效果,提高离合器的可靠性。除了设计和材料因素外,日常使用和维护也是保证离合器性能的重要措施。驾驶员应该注意离合器的使用方式,避免长时间使用半联动或错误的操作方式;定期检查离合器的磨损状况和润滑情况,及时更换磨损的摩擦片或修理包;在维修保养时选择正规的维修厂和原厂配件,保证离合器的维修质量。离合器作为连接发动机和传动系统的重要部件,其性能对汽车的起步、换挡质量和行驶平顺性具有重要影响。为了保持离合器的良好状态和延长其使用寿命,需要采用先进的离合器技术和材料,同时注意日常使用和维护。通过正确的使用和维护方式,可以有效地提高离合器的性能和可靠性,为驾驶者提供更好的驾驶体验。在未来,随着科技的不断发展,离合器技术也将不断进步和完善。新型材料、智能控制等技术的应用将进一步提高离合器的性能和可靠性。同时,随着环保要求的提高,节能减排将成为离合器技术发展的重要方向。因此,研究和发展新型的离合器技术和材料将有助于推动汽车工业的可持续发展。为了提高离合器的性能,可以从以下几个方面进行优化:采用高强度材料,如复合材料或合金钢,以提高离合器的耐久性和承载能力。优化离合器的结构,如减小摩擦片厚度、调整弹簧刚度等,以减小离合器的重量和提高其传递效率。

采用先进的控制系统,如电子控制离合器,以实现更加精准的离合器动作控制,提高驾驶的舒适性和稳定性。

(二)变速器优化设计

变速器是汽车传动系统中的核心部件,它负责将发动机产生的动力按照驾驶员的需求进行传递。变速器的性能对汽车的行驶速度、牵引力以及燃油经济性等方面都有着至关重要的影响。

首先,变速器对汽车的行驶速度起着决定性的作用。通过改变传动比,变速器能够实现发动机转速和车轮转速之间的匹配。在加速时,变速器能够使发动机保持在较低的转速范围内,提供更大的扭矩输出,从而使汽车加速更加迅速。而在高速行驶时,变速器能够使发动机转速升高,降低车轮转速,提供更高的行驶速度。因此,一个性能优良的变速器能够使汽车在各种行驶条件下都能够获得平稳、快速的加速和高速行驶。

其次,变速器的性能对汽车的牵引力也有着重要影响。牵引力是汽车克服行驶阻力的能力,与发动机的扭矩和车轮的转速有关。通过变速器的作用,驾驶员可以调整传动比和车轮转速,从而获得所需的牵引力。在重载或上坡时,驾驶员可以调整变速器挡位以提供更大的扭矩输出,提高汽车的牵引力。因此,一个性能良好的变速器能够使汽车在各种路况下都能够发挥出最大的牵引力。除了影响汽车的行驶速度和牵引力外,变速器的性能还与汽车的燃油经济性密切相关。燃油经济性是衡量汽车燃油消耗的重要指标,与发动机转速、车速以及行驶阻力等因素有关。通过优化变速器的传动比和换挡策略,可以降低发动机的转速和车速,减少燃油消耗。同时,采用先进的控制技术如智能换挡提示和自适应巡航控制等,也可以进一步提高燃油经济性。

为了提高变速器的性能和可靠性,现代汽车通常采用自动变速器和双离合器变速器等先进技术。自动变速器能够根据驾驶员的意图和行驶状况自动选择合适的挡位,提供更加平滑的换挡体验和更好的牵引力。双离合器变速器则具有快速换挡和动力传递效率高的优点,能够提高汽车的加速性能和燃油经济性。此外,随着新能源汽车的发展,无级变速器也逐渐受到关注。无级变速器采用可变直径的带轮或链条等传动元件,能够实现连续的传动比变化,从而提供更加平稳的加速和更佳的燃油经济性。无级变速器在电动汽车中具有广泛的应用前景,能够提高电动汽车的续航里程和动力性能。变速器作为汽车传动系统中的重要组成部分,为了提高其性能和可靠性,需要采用先进的变速器技术和材料,结合智能控制策略和维修保养措施,确保其正常工作和延长使用寿命。同时,随着科技的不断进步和环保要求的提高,未来变速器技术还将向着更加高效、智能和环保的方向发展。

(三)传动轴优化设计

传动轴是汽车传动系统中的重要组成部分,它连接变速器和车轮,负责传递动力。传动轴的性能对汽车的行驶稳定性和振动有着直接的影响,是影响汽车行驶品质的重要因素之一。

1. 传动轴的性能对汽车的行驶稳定性起着至关重要的作用

在行驶过程中,汽车受到各种外力的作用,如路面不平、侧风等,这些外力可能导致车轮的定位参数发生变化,进而影响汽车的行驶稳定性。而传动轴作为连接变速器和车轮的部件,其刚度和平衡性对车轮的定位参数有着重要影响。如果传动轴的刚度和平衡性不佳,会导致车轮的定位参数发生变化,从而使汽车在行驶过程中出现不稳定的状况。因此,为了提高汽车的行驶稳定性,需要选用高品质的传动轴,并采取有效的措施来确保其刚度和平衡性。

2. 传动轴的性能对汽车的振动也有着重要的影响

汽车在行驶过程中会受到各种振动源的作用,如发动机振动、路面颠簸等。这些振动源产生的振动如果不能得到有效地控制和传递,将对汽车的乘坐舒适性和零部件的寿命产生不利影响。而传动轴作为连接变速器和车轮的部件,其振动特性和动态响应对汽车的振动有着直接的影响。如果传动轴的阻尼性能和动态响应不佳,会导致振动在汽车中传递和放大,从而使汽车在行驶过程中出现较大的振动和噪声。因此,为了提高汽车的乘坐舒适性和零部件的寿命,需要选用具有优良阻尼性能和动态响应的传动轴,并采取有效的措施来减小其振动和噪声。

3. 传动轴的性能还与汽车的燃油经济性和动力性有关

传动轴的效率对发动机的动力传递到车轮的过程中的能量损失有重要影响。如果传动轴的效率较低,会导致发动机的动力不能充分传递到车轮,从而影响汽车的燃油经济性和动力性。

4. 为了提高传动轴的性能和可靠性,需要采用先进的材料和技术

采用精密的加工和热处理工艺可以减小传动轴的尺寸和重量;采用先进的平衡技术和阻尼技术可以减小传动轴的振动和噪声。此外,合理的安装和维护也是保证传动轴性能的重要措施。传动轴作为连接变速器和车轮的重要部件,其性能对汽车的行驶稳定性和振动有着直接的影响。为了提高汽车的行驶品质、乘坐舒适性和燃油经济性、动力性等性能指标,需要选用高品质的传动轴并采取有效的措施来确保其性能和可靠性。

（四）差速器优化设计

差速器是汽车传动系统中的重要组成部分,它的主要功能是实现左右车轮的差速,使得同一轴上的两个车轮能够以不同的速度旋转。差速器的性能对汽车的行驶稳定性和安全性有着至关重要的影响。

1. 差速器对于汽车的行驶稳定性起着关键作用

在行驶过程中,由于道路状况、转向操作或车辆负载等因素的影响,左右车轮与地面之间的摩擦力可能会不同。此时,如果左右车轮固定连接,车辆将难以稳定行驶,甚至可能发生侧滑或失控,而差速器的作用就在于解决这一问题。它允许左右车轮以不同的转速旋转,使得车辆在复杂的道路条件下仍能保持稳定。例如,在转弯时,差速器允许外侧车轮转速高于内侧车轮,从而减小转弯半径,提高车辆的操控性。

2. 差速器的性能对汽车的安全性也具有重要意义

一方面,差速器能够提高车辆在湿滑路面上的行驶安全性。在雨雪天气或泥泞道路上,地面湿滑,摩擦力较小,如果左右车轮固定连接,车辆容易发生侧滑或失控。而差速器能够根据不同车轮与地面之间的摩擦力自动分配扭矩,提高车辆的牵引力,从而增强车辆在湿滑路面上的稳定性。另一方面,差速器还能够提高车辆在紧急情况下的安全性。例如,当车辆突然制动或转弯时,差速器能够快速响应,自动调整左右车轮的扭矩分配,提高车辆的操控性和稳定性,从而降低事故风险。

3. 差速器的性能还与汽车的燃油经济性相关

差速器的工作效率直接影响发动机的动力传递到车轮的效率。如果差速器的工作效率较低,会导致发动机的动力不能充分传递到车轮,从而增加燃油消耗。因此,为了提高汽车的燃油经济性,需要选用高效率的差速器并采取有效的措施来减少能量损失。

4. 采用先进的材料和技术

采用高强度钢材和高性能合金等材料可以增强差速器的强度和耐久性;采用精密的加工和热处理工艺可以减小差速器的尺寸和重量;采用先进的润滑系统可以减小差速器的摩擦和磨损。此外,合理的安装和维护也是保证差速器性能的重要措施。差速器作为实现左右车轮差速功能的机构,其性能对汽车的行驶稳定性和安全性有着至关重要的影响。为了提高汽车的行驶稳定性、安全性和燃油经济性等性能指标,需要选用高品质的差速器并采取有效的措施来确保其性能和可靠性。未来随着科技的不断发展,更加高效、环保、智能的新型差速器技术将不断涌现。这些新技术将有助于推动汽车工业的可持续发展和提高人们的出行体验。

第二节　汽车常用机构的承载力

一、离合器的承载力分析

在汽车行驶过程中,离合器需要承受来自发动机的扭矩和转速,并将其传递至变速器和传动轴。因此,离合器的承载力对其性能和使用寿命具有重要意义。

本节将对离合器的承载力进行详细分析。

(一)摩擦力分析

离合器是汽车传动系统中的重要组成部分,它负责在发动机和变速器之间传递或切断动力。在离合器的接合和分离过程中,摩擦力起到了关键作用,它是实现动力传递和切断的主要因素。摩擦力的大小直接影响到离合器的传递效率和承载能力,因此,对离合器摩擦力的深入了解和研究是提高其性能的关键。

1. 摩擦力

当离合器接合时,摩擦力使离合器片紧密结合,从而将发动机的动力传递给变速器。在这个过程中,摩擦力需要足够大,以保证足够的传递效率,避免打滑或动力损失。然而,摩擦力也不能过大,否则会导致离合器片过热,加速磨损,甚至影响离合器的正常工作。

2. 摩擦系数

摩擦系数越大,意味着离合器片之间的摩擦力越大,所能传递的扭矩也就越大。因此,提高离合器片的摩擦系数是提高离合器传递效率的有效途径。但是,摩擦系数的增加也会带来一些问题。过高的摩擦系数可能导致离合器片过热,从而加速离合器片的磨损和缩短其使用寿命。因此,在提高摩擦系数的同时,还需要采取有效的散热措施,以减小离合器片的温升。

3. 压紧力

压紧力越大,离合器片之间的接触越紧密,摩擦力也就越大。适当增加压紧力可以提高离合器的传递效率,但过大的压紧力会导致离合器片过度磨损,甚至烧蚀。因此,在设计和调整离合器时,需要充分考虑压紧力和摩擦系数之间的平衡,以保证离合器能够在高效传递动力的同时保持良好的使用寿命。

4. 离合器的材料和工艺

优质的离合器材料能够提供更好的耐磨性和热稳定性,从而提高离合器的使用寿命和传递效率。先进的制造工艺也是保证离合器性能的关键因素之一。通过采用先进的加工和热处理工艺,可以进一步提高离合器的精度和稳定性,从而更好地满足使用要求。

(二)压紧力与弹簧刚度

离合器的压紧力是由弹簧产生的,而弹簧的刚度是决定压紧力大小的关键因素。弹簧刚度是指弹簧在单位变形量下所产生的弹力大小,它反映了弹簧抵抗变形的能力。在离合器中,弹簧刚度决定了压紧力的大小,从而影响离合器的传递效率和承载能力。

1. 压紧力的大小要适中,不能过小或过大

如果压紧力过小,会导致离合器片打滑,无法传递足够的扭矩。这种情况在汽车起步或负载较大时尤为明显,可能导致汽车无法正常行驶。此外,打滑还会引起离合器片的磨损,甚至烧蚀,从而缩短离合器的使用寿命。因此,为了保证足够的传递效率和承载能力,需要选择具有适当刚度的弹簧,产生足够的压紧力。

然而,压紧力也不能过大,过大的压紧力会使离合器片之间的接触压力过大,从而加速离合器片的磨损,缩短使用寿命。此外,过大的压紧力还会导致离合器片温度升高,进一步加剧磨损和降低离合器的性能。因此,在选择弹簧时,需要充分考虑其刚度,以产生适当的压紧力,避免过度的磨损和发热。

2. 选择合适的弹簧刚度还需要考虑离合器的使用要求和性能参数

不同的使用场合和工况对离合器的性能要求不同,因此需要选择不同刚度的弹簧以适应不同的要求。例如,在重载或复杂工况下,需要选择具有较大刚度的弹簧,产生较大的压紧力,以保证离合器的传递效率和承载能力。而在轻载或简单工况下,可以适当减小弹簧的刚度,以减少离合器片的磨损和发热。

3. 离合器片材料的性质对弹簧刚度的影响

不同材料的离合器片具有不同的摩擦系数和耐磨性,因此需要选择相应刚度的弹簧以获得最佳的摩擦性能和传递效率。例如,对于具有较高摩擦系数的离合器片材料,需要选择刚度较大的弹簧以产生足够的压紧力;而对于耐磨性较好的材料,可以适当减小弹簧的刚度,以减少离合器片的磨损和发热。弹簧的刚度是决定离合器压紧力大小的关键因素。为了获得最佳的传递效率和承载能力,需要根据离合器的使用要求和性能参数进行合理匹配,选择具有适当刚度的弹簧能够保证离合器在各种工况下都能够稳定、高效地工作,并延长离合器的使用寿命。未来随着新材料、新工艺和新技术的不断发展,离合器的性能将得到进一步优化和提高,为汽车工业的可持续发展做出更大的贡献。

(三)离合器片强度与寿命

离合器片作为汽车传动系统中的关键部件,其强度和寿命对于离合器的承载能力和整体性能具有至关重要的影响。在汽车行驶过程中,离合器片直接承受着摩擦力,因此其材料的性能和结构设计对于离合器的使用寿命和稳定性起到决定性作用。

1. 离合器片材料的耐磨性、耐热性和抗疲劳性能对离合器的性能和使用寿命具有重要影响

耐磨性是衡量材料抵抗磨损能力的关键指标,对于离合器片而言,耐磨性越好,使用寿命越长。耐热性是指材料在高温下保持性能的能力,对于离合器片而言,耐热性越高,能够承受的温度越高,从而避免因过热而损坏。抗疲劳性能是指材料在循环载荷下抵抗疲劳断裂的能力,对于经常受到交变应力作用的离合器片而言,抗疲劳性能尤为重要。

2. 选择合适的材料

常用的离合器片材料包括金属、复合材料等。金属材料如钢、铸铁等具有较高的强度和耐磨性,适用于高负荷工况。复合材料则由多种材料组成,具有优异的耐热性和抗疲劳性能,适用于高速、高温、轻量化的要求。在选择材料时,需要根据具体的使用要求和工况进行综合考虑。

3. 合理的结构设计

合理的结构设计能提高离合器片的强度和寿命,结构设计涉及摩擦面、加强筋、散热设计等多个方面。摩擦面是离合器片直接承受摩擦的表面,其设计需要考虑到摩擦系数、散热性能以及与对偶材料的匹配。加强筋的设计可以增加离合器片的刚度和强度。加强筋能够增加离合器片的厚度和强度,从而提高其抗弯曲和抗剪切能力。这有助于减少离合器片在工作中产生的变形和应力集中现象,从而提高其抗疲劳性能和使用寿命。散热设计则能够有效地将摩擦产生的热量传导出去,防止离合器片过热。例如,在摩擦面设计中,可以采用不同的表面处理技术来提高离合器片的摩擦系数和耐磨性。如喷涂耐磨涂层、激光熔覆等表面处理技术可以在一定程度上提高离合器片的硬度和耐磨损能力。此外,为了更好地匹配对偶材料,可以根据实际需求选择合适的摩擦面材料和纹理设计。

4. 散热设计

散热设计对于提高离合器片的使用寿命也至关重要。热量是导致离合器片磨损和性能下降的主要原因之一。通过在离合器片中加入导热材料或设计散热孔等措施,可以将摩擦产生的热量有效地传导出去,防止离合器片过热。这有助于保持离合器片的正常工作温度,从而提高其使用寿命和稳定性。

(四)温度对承载力的影响

温度对离合器的承载力具有显著的影响。随着温度的升高,离合器材料的机械性能会发生改变,导致其承载能力下降。因此,在设计离合器时,应充分考虑其散热性能,并采取有效的冷却措施,以确保离合器能在高温环境下稳定工作。

首先,随着温度的升高,离合器材料的机械性能会发生变化。大多数材料的机械性能会随着温度的升高而降低,包括强度、硬度、弹性模量等。这些性能的降低会导致离合器片在承受载荷时容易发生变形和断裂,从而降低其承载能力。此外,高温还会引起离合器材料的热膨胀,进一步加剧离合器片的变形和摩擦,降低其使用寿命。

其次,高温还会加速离合器片的磨损。在高温下,离合器片表面的材料会发生氧化和热腐蚀,导致表面硬度和耐磨性下降。这些因素都会导致离合器片的磨损速度加快,进一步降低其使用寿命。

最后,高温还会影响离合器的润滑性能。润滑油在高温下容易氧化和劣化,导致其润滑性能下降。这会加剧离合器片的摩擦和磨损,甚至引起离合器的卡滞和烧蚀。因此,保持离合器在适当的温度范围内工作对于保证其润滑性能和正常运转至关重要。

为了降低温度对离合器承载力的影响,需要采取有效的散热措施。首先,可以在离合器设计中加入散热通道或散热片,以增加散热面积和加快热传导。这有助于将离合器内部的热量快速散发出去,避免温度过高。其次,可以采用耐高温的材料和涂层来提高离合器的耐热性能和抗氧化能力。这些材料可以在高温下保持较好的机械性能和耐磨性,从而提高离合器的承载能力和使用寿命。

(五)冲击载荷的影响

在某些特殊情况下,如急加速、急刹车或路面不平整等,离合器可能会承受较大的冲击载荷。这些冲击载荷会导致离合器片产生剧烈的振动和应力,从而可能引发离合器片的损坏或弹簧的疲劳断裂。因此,在设计离合器时,应采取相应的措施来提高其抗冲击能力。

1. 可以增加缓冲弹簧或在离合器结构中设计减振装置,以吸收冲击能量并减小振动

缓冲弹簧可以在冲击发生时提供额外的弹性支撑,减轻对离合器组件的冲击。同时,减振装置可以通过阻尼和减振原理,进一步降低振动和应力对离合器的影响。

2. 优化离合器的结构设计

通过改进离合器的刚度和强度分布,可以减小局部应力集中和振动。例如,加强筋和支撑结构的设计可以提高离合器片的刚度和抗弯曲能力,从而减小冲击载荷引起的变形和应力。

3. 选择具有高强度和良好韧性的材料

高强度钢、合金钢等材料具有较好的抗冲击性能和疲劳寿命,可以提高离合器的整体强度和使用寿命。除了抗冲击能力外,温度和摩擦系数等其他因素也会影响离合器的承载力。因此,在提高离合器的承载能力时,需要综合考虑多个因素。例如,在选择摩擦材料时,需要综合考虑摩擦系数、耐磨性和热稳定性等因素。同时,为了降低温度对离合器性能的影响,需要采取有效的散热措施,如增加散热片、优化散热通道等。

在实际应用中,根据具体的使用环境和要求进行合理的设计和匹配也是至关重要的。例如,对于经常承受较大冲击载荷的车辆,需要选择具有强大抗冲击能力的离合器组件。而对于长时间连续工作的车辆,则需要考虑材料的热稳定性和耐久性。

4. 正确地使用和维护

驾驶员应掌握正确的使用方法,避免长时间半联动或突然急加速等不当操作。这些不当操作会导致离合器过热和过度磨损,从而降低其使用寿命。同时,定期检查和维护也是必要的措施。通过定期检查和维护可以及时发现潜在的问题并采取相应的措施进行修复或更换,这有助于保持离合器的良好工作状态并延长其使用寿命。离合器的承载能力是一个多因素的综合体现。为了提高离合器的承载能力,需要综合考虑摩擦系数、压紧力、弹簧刚度、材料性能、温度和冲击载荷等多个因素。在实际应用中,应根据具体的使用环境和要求进行合理的设计和匹配,以保证离合器具有良好的传递效率和长期使用寿命。通过优化设计、合理选材和采取维护等措施的综合运用,可以有效地提高离合器的性能和使用寿命,为汽车工业的可持续发展做出贡献。

二、变速器的承载力分析

变速器是汽车传动系统中的重要组成部分,其承载力对于保证汽车的正常行驶和可靠性具有重要意义。变速器主要通过齿轮之间的相互作用传递动力,因此其承载能力受到齿轮强度、轴承、箱体强度以及润滑和散热等多方面因素的影响。本部分内容将对变速器的承载力进行详细分析。

(一)齿轮承载能力分析

1. 齿轮材料的选择对承载能力的影响

齿轮材料的选择是影响其承载能力的重要因素。常见的齿轮材料包括碳钢、合金钢、铸铁、有色金属及塑料等。不同的材料具有不同的机械性能,如强度、硬度、韧性及耐磨性等,这些性能直接决定了齿轮的承载能力。

例如,高强度钢具有较高的屈服强度和抗拉强度,能够承受较大的载荷而不发生塑性变形或断裂。因此,在重载或高速传动的场合,应优先选择高强度钢作为齿轮材料。相反,在轻载或低速传动的场合,可以选择强度较低但成本较低的材料,如铸铁或塑料。

此外,齿轮材料的热处理工艺也对其承载能力有重要影响。通过淬火、回火、渗碳等热处理工艺,可以改善齿轮材料的内部组织,提高其强度和硬度,从而提高齿轮的承载能力。

2. 齿轮几何设计对承载能力的影响

齿轮的几何设计包括模数、齿数、压力角、齿顶高系数等参数的确定。这些参数的选择直接影响了齿轮的齿形、齿厚以及齿根弯曲强度等,从而影响了齿轮的承载能力。

模数是齿轮设计中的重要参数,它决定了齿轮的齿距和齿厚。在相同载荷条件下,模数越大,齿厚越厚,齿轮的弯曲强度和接触强度越高,承载能力也越大。但是,模数过大也会增加齿轮的重量和制造成本,因此需要在满足承载能力的前提下,合理选择模数。

齿数的选择也会影响齿轮的承载能力。在相同模数条件下,齿数越多,齿轮的接触面积越大,承载能力也越高。但是,齿数过多也会增加齿轮的制造成本和传动噪声,因此需要在满足承载能力的前提下,合理选择齿数。

压力角和齿顶高系数等参数的选择也会影响齿轮的承载能力。较大的压力角可以提高齿轮的接触强度和弯曲强度,但也会增加传动噪声和振动。齿顶高系数的选择需要考虑齿轮的啮合性能和制造工艺性。

3. 润滑条件对齿轮承载能力的影响

润滑条件是影响齿轮承载能力的重要因素之一。良好的润滑条件可以减少齿轮传动中的摩擦和磨损,降低齿面温度和热变形,从而提高齿轮的承载能力。

润滑油的选择需要根据齿轮的工作条件和要求来确定。在高速重载的场合,应选择黏度较高、挤压性较好的润滑油;在低速轻载的场合,可以选择黏度较低、抗磨性较好的润滑油。此外,润滑油的清洁度和换油周期也对齿轮的承载能力有重要影响。

除了润滑油的选择外,润滑方式的选择也会影响齿轮的承载能力。常见的润滑方式包括浸油润滑、喷油润滑、油雾润滑等。不同的润滑方式具有不同的润滑效果和适用范围。例如,浸油润滑适用于低速重载的场合,可以提供充分的润滑和冷却;喷油润滑适用于高速传动的场合,可以提供连续的润滑油膜和冷却效果。

(二)轴承承载能力分析

1. 轴承的类型选择对承载能力的影响

轴承的类型多样,包括深沟球轴承、圆柱滚子轴承、圆锥滚子轴承、调心滚子轴承等。不同类型的轴承具有不同的结构特点和承载特性,因此其承载能力也各不相同。

深沟球轴承是最常见的一种轴承类型,其结构简单,制造成本低,适用于轻载或中载的场合。然而,由于其内部滚珠与沟道的接触面积较小,其承载能力相对有限。

圆柱滚子轴承则具有较大的承载能力,尤其适用于径向载荷较大的场合。其滚子与滚道的线接触设计使得接触面积增大,从而提高了承载能力。此外,圆柱滚子轴承还可以通过增加滚子的数量或改变滚子的排列方式来进一步提高承载能力。

圆锥滚子轴承和调心滚子轴承则适用于承受复合载荷(即同时承受径向和轴向载荷)的场合。它们具有特殊的结构设计,能够在承受径向载荷的同时,通过滚子的锥度或球面的自动调心作用,承受一定的轴向载荷。这种设计使得它们在复杂载荷条件下具有优异的承载能力。

因此,在选择轴承类型时,需要根据实际的工作条件和载荷要求来确定。对于重载或复杂载荷的场合,应优先选择具有较大承载能力的轴承类型,如圆柱滚子轴承、圆锥滚子轴承或调心滚子轴承。

2. 轴承材料与制造工艺对承载能力的影响

轴承的材料和制造工艺也是影响其承载能力的重要因素。常见的轴承材料包括高碳铬轴承钢、不锈钢、陶瓷等。其中,高碳铬轴承钢是最常用的一种材料,具有优异的机械性能和耐磨性。

制造工艺方面,轴承的精度等级和表面质量对其承载能力具有重要影响。高精度的轴承具有更准确的几何尺寸和更高的表面光洁度,能够减少摩擦和磨损,从而提高承载能力。此外,轴承的热处理工艺也对其承载能力有重要影响。通过淬火、回火等热处理工艺,可以改善轴承材料的内部组织,提高其强度和硬度,从而提高承载能力。

3. 润滑条件对轴承承载能力的影响

润滑条件是影响轴承承载能力的另一个重要因素。良好的润滑条件可以减少轴承内部的摩擦和磨损,降低温升和热变形,从而提高承载能力。

润滑油的选择需要根据轴承的工作条件和要求来确定。对于高速、高温或重载的场合,应选择具有优异极压性、抗磨性和抗氧化性的润滑油。此外,润滑油的清洁度和换油周期也对轴承的承载能力有重要影响。不干净的润滑油或过长的换油周期会导致轴承内部积聚杂质和金属屑,从而加剧摩擦和磨损,降低承载能力。

除了润滑油的选择外,润滑方式的选择也会影响轴承的承载能力。常见的润滑方式包括油浴润滑、滴油润滑、喷油润滑等。不同的润滑方式具有不同的润滑效果和适用范围。例如,油浴润滑适用于低速、重载的场合,可以提供充分的润滑和冷却;喷油润滑适用于高速、轻载的场合,可以提供连续的润滑油膜和冷却效果。

(三) 箱体强度分析

1. 箱体的结构设计对强度的影响

合理的结构设计能够有效地提高箱体的承载能力,防止其在工作过程中发生变形或破坏。首先,箱体的壁厚设计对其强度具有重要影响。一般来说,增加箱体的壁厚可以提高其强度和刚度,但也会增加制造成本和重量。因此,在设计时需要根据实际的工作条件和载荷要求来确定合适的壁厚。对于承受较大载荷或冲击载荷的箱体,应适当增加壁厚以提高其强度。其次,箱体的结构形状也会影响其强度。例如,采用圆角过渡可以避免应力集中,提高箱体的强度;采用加强筋或肋板可以增加箱体的局部刚度,防止其发生局部变形。此外,箱体的开口设计也需要特别注意,过大的开口会削弱箱体的强度,因此需要合理布置和加强开口周围的结构。最后,箱体的连接方式也会对其强度产生影响。常见的连接方式包括焊接、螺栓连接等。焊接连接具有强度高、密封性好等优点,但需要注意焊接质量和残余应力的问题;螺栓连接则便于拆卸和维修,但需要注意螺栓的预紧力和防松措施。在选择连接方式时,需要根据实际的工作条件和要求来确定。

2. 箱体的材料选择对强度的影响

不同的材料具有不同的机械性能和制造工艺性,因此需要根据实际的工作条件和要求来选择合适的材料。

常见的箱体材料包括碳钢、合金钢、不锈钢、铝合金等。碳钢和合金钢具有较高的强度和硬度,适用于承受较大载荷或冲击载荷的场合;不锈钢则具有良好的耐腐蚀性和美观性,适用于对卫生要求较高的场合;铝合金则具有较轻的重量和良好的加工性能,适用于对重量和制造成本有要求的场合。

在选择材料时,还需要考虑材料的可焊性、可加工性以及成本等因素。例如,对于需要焊接的箱体,应选择具有良好可焊性的材料;对于需要复杂加工的箱体,应选择具有良好加工性能的材料。此外,还需要根据材料的特性进行合理的热处理和表面处理,以提高箱体的强度和耐腐蚀性。

3. 制造工艺对箱体强度的影响

合理的制造工艺能够保证箱体的尺寸精度和形状精度,提高其强度和稳定性。首先,箱体的加工工艺对其强度具有重要影响。常见的加工工艺包括铣削、钻孔、攻丝等。这些加工工艺需要保证箱体的尺寸精度和表面质量,避免出现过大的加工应力和变形。此外,在加工过程中还需要注意刀具的选择和切削参数的优化,以提高加工效率和加工质量。其次,箱体的焊接工艺也会对其强度产生影响。焊接工艺需要保证焊缝的质量和强度,避免出现过大的焊接应力和变形。在焊接过程中需要注意焊接参数的选择和控制,以及焊后的热处理和检验。最后,箱体的装配工艺也会对其强度产生影响。装配工艺需要保证各部件之间的配合精度和稳定性,避免出现过大的装配应力和变形。在装配过程中需要注意各部件的顺序和方法,以及装配后的检验和调整。

(四)润滑与散热分析

变速器的润滑和散热对其正常工作和寿命有重要影响。在工作过程中,变速器中的齿轮和轴承需要充分的润滑以减少摩擦和磨损,同时产生的热量也需要及时散发出去,以防止过热导致零件损坏。在分析变速器的润滑和散热时,需要考虑润滑油的类型、流量、润滑方式以及散热器的散热面积和散热效果等因素。

为了提高变速器的润滑和散热效果,可以采用合适的润滑油、优化润滑系统设计、增加散热器面积等措施。同时,在使用过程中应做好定期更换润滑油、清洗润滑系统、检查散热器状况等维护工作,以保证变速器的正常运行和使用寿命。

变速器的润滑和散热对其正常工作和寿命具有至关重要的影响。在汽车传动系统中,变速器作为关键的组成部分,其性能和寿命直接影响到整车的运行效果和可靠性。而润滑和散热是维持变速器正常运转的重要保障,如果润滑不良或散热不足,会导致变速器内部零件的磨损加剧、油温升高,甚至出现故障。

1. 良好的润滑

润滑的主要作用是减小摩擦和磨损,防止金属与金属之间的直接接触,从而降低变速器内部零件的摩擦阻力,减少不必要的能量损失。在变速器中,润滑油起到润滑、冷却、清洁和防锈的作用。通过在各摩擦表面之间形成油膜,润滑油可以有效地减小摩擦,降低零件的磨损速度。此外,润滑油还可以将热量从变速器内部带走,起到一定的散热作用。

2. 定期检查和更换变速器油

不同品牌和型号的变速器对于润滑油的要求也有所不同,因此应选择合适的润滑油并按照制造商的建议进行更换。此外,保持润滑油的清洁也非常重要。在正常使用过程中,变速器油会逐渐氧化、污染和老化,失去其原有的润滑性能。因此,应定期清洗和更换变速器油滤清器,防止杂质和金属颗粒进入变速器内部。

3. 散热

在变速器运转过程中,各零件之间会产生摩擦热,使得变速器内部的温度逐渐升高。如果温度过高,会导致变速器油变质、润滑性能下降,甚至引起变速器内部的橡胶密封材料变形、加速老化。因此,为了保持变速器的正常工作温度,需要采取有效的散热措施。

常见的散热措施包括自然散热和强制散热。自然散热主要是通过变速器外壳上的散热孔和金属翅片来增加散热面积,利用空气的对流将热量带走。强制散热则是通过在变速器内部安装油泵或外部连接冷却系统来增加油的循环流动速度,提高散热效率。在某些高性能或大功率的变速器中,还会采用油—水热交换器等更为高效的散热方式。

(五)动态载荷分析

除了静态载荷外,变速器在工作过程中还会受到动态载荷的影响。动态载荷主要来自汽车行驶中的振动和冲击,可能导致变速器内部的零件松动或损坏。为了提高变速器承受动态载荷的能力,可以采用提高装配精度、增加防震措施、优化减震设计等措施。

三、传动轴的承载力分析

(一)弯曲应力分析

1. 载荷大小和分布对传动轴弯曲应力的影响

传动轴所承受的载荷大小和分布是影响其弯曲应力的主要因素之一。在工作过程中,传动轴需要传递动力和扭矩,这些动力和扭矩会以载荷的形式作用在传动轴上。载荷的大小直接决定了传动轴所承受的应力水平,载荷越大,传动轴所产生的弯曲应力也就越大。同时,载荷的分布也会对传动轴的弯曲应力产生影响。如果载荷分布不均匀,那么传动轴各部分的应力水平也会不同,从而导致应力集中和局部过载的现象。这种应力集中和局部过载会大大降低传动轴的强度和稳定性,甚至可能导致传动轴的断裂或失效。

为了减小载荷大小和分布对传动轴弯曲应力的不利影响,需要在设计传动轴时充分考虑实际工作条件和载荷要求。一方面,可以通过合理确定传动轴的尺寸和形状来提高其承载能力。例如,可以增加传动轴的直径或采用空心轴等结构形式来提高其抗弯刚度,从而减小弯曲应力。另一方面,可以通过优化载荷分布来降低应力集中和局部过载的风险。例如,可以采用平衡装置或减震装置来平衡传动轴所受的载荷,使其分布更加均匀,或者通过改变传动轴的结构形式来实现载荷的重新分配,从而降低最大应力水平。

2. 支撑方式和位置对传动轴弯曲应力的影响

除了载荷大小和分布外,传动轴的支撑方式和位置也是影响其弯曲应力的重要因素之一。传动轴的支撑方式和位置决定了其在工作过程中的变形和应力分布状态。合理的支撑方式和位置能够有效地减少传动轴的弯曲变形和应力集中,提高其承载能力。

常见的传动轴支撑方式包括两端支撑和中间支撑两种形式。两端支撑是指传动轴的两端分别由轴承或支座支撑,这种支撑方式下传动轴的弯曲应力主要分布在支撑点附近。而中间支撑则是指在传动轴的中间位置设置一个或多个支撑点,这种支撑方式下传动轴的弯曲应力分布在两个支撑点之间。

在选择传动轴的支撑方式和位置时,需要综合考虑其受力特点和工作环境等因素。一方面,要根据传动轴的长度、直径、转速以及所承受的载荷大小和分布等参数来确定合适的支撑方式和位置。例如,对于长度较长、直径较小的传动轴,宜采用中间支撑的方式来提高其承载能力;而对于长度较短、直径较大的传动轴,则可以采用两端支撑的方式来简化结构。另一方面,还要考虑工作环境对传动轴的影响。例如,如果传动轴工作在高温、高湿或腐蚀性环境中,那么需要选择耐腐蚀、耐高温的支撑材料和结构形式来保证传动轴的稳定性和可靠性。

(二)扭转应力分析

传动轴在工作过程中,除了承受弯曲应力外,还会受到扭转应力的作用。扭转应力的大小与发动机的扭矩、转速以及传动轴的长度、直径等因素有关。当传动轴承受的扭矩超过其承载能力时,会导致传动轴的扭转变形和疲劳断裂。因此,在设计和制造过程中,应合理选择材料和结构形式,以提高传动轴的抗扭刚度和强度。

当发动机运转时,它产生的扭矩需要通过传动轴传递到车轮上,使车轮得以转动。在这个过程中,传动轴的每个截面都会受到大小相等、方向相反的扭矩作用。这些扭矩会导致传动轴产生扭转应力,使传动轴发生扭转变形。扭转变形会使传动轴的长度缩短,而两端则趋向于自由伸展。扭转应力的强度与传动轴的直径、材料属性以及传递的扭矩大小密切相关。一般来说,传动轴的直径越大,材料的抗扭刚度越高,所承受的扭转应力就越小。

对传动轴进行定期检查和维护,及时发现并修复潜在的损伤和裂纹。这样可以延长其使用寿命并确保其正常工作。有限元分析是一种数值模拟方法,可以对传动轴的应力分布和变形进行更精确的分析。通过有限元分析,可以优化传动轴的结构设计,降低扭转应力和变形量。

合理使用与操作:驾驶员应避免突然启动、急加速和急刹车等剧烈操作,这些动作会产生较大的扭矩波动和冲击载荷,对传动轴造成不必要的损害。合理的驾驶习惯可以有效地延长传动轴的使用寿命。要确保传动轴的润滑系统工作正常,定期更换润滑油并检查油封是否完好。良好的润滑可以减小摩擦阻力,降低扭矩传递过程中的能量损失,并减少因摩擦引起的热量和温度升高。同时,润滑剂也可以起到一定的防腐和防尘作用,保护传动轴免受腐蚀和损伤。

(三)动态应力分析

传动轴在工作过程中,除了承受静态应力外,还会受到动态应力的影响。动态应力主要来自汽车行驶中的振动和冲击,可能导致传动轴内部的零件松动或损坏。因此,在分析传动轴的承载能力时,需要考虑动态应力的影响。通过优化传动轴的结构设计、增加防震措施、优化减震设计等措施,可以提高传动轴承受动态应力的能力。同时,应定期检查传动轴的紧固件和螺栓等连接部位,确保其牢固可靠。

(四)疲劳寿命分析

疲劳寿命是衡量传动轴性能的重要指标之一。当交变应力超过材料的疲劳极限时,会导致传动轴的疲劳断裂。因此,在设计和制造过程中,应合理选择材料和结构形式,以提高传动轴的疲劳寿命。同时,应采用先进的生产工艺和技术,如热处理、表面处理等,以提高材料的抗疲劳性能。

(五)材料与结构设计优化

材料与结构设计是影响传动轴性能的重要因素。在选择材料时,应根据传动轴的工作环境和性能要求,选择具有足够强度、刚度和耐疲劳性能的材料。同时,应根据实际需求和工况,合理设计传动轴的结构形式和尺寸参数。通过优化材料和结构设计,可以提高传动轴的承载能力和可靠性,延长其使用寿命。

(六)润滑与防护

良好的润滑和防护措施是保证传动轴正常工作和延长使用寿命的重要措施之一。在设计和使用过程中,应合理选择润滑油和润滑方式,以确保传动轴在工作过程中得到充分的润滑。同时,应采取有效的防护措施,如防尘、防水等措施,以减少环境因素对传动轴的影响。在使用过程中,应定期检查传动轴的润滑和磨损状况,及时进行维护和保养工作。

为了确保传动轴的性能和可靠性满足要求,需要进行试验验证和性能评估。通过在实验室或实际工况下进行试验测试,可以获取传动轴的性能参数和实际表现数据。通过对这些数据进行统计分析和分析比较,可以评估出传动轴的性能水平和可靠性程度。根据试验结果和评估结果可以对设计进行调整和优化,以提高传动轴的性能和使用寿命。

四、差速器的承载力分析

差速器是汽车传动系统中的重要组成部分,它负责将发动机产生的动力传递至车轮,并允许两侧车轮以不同的转速转动。在汽车行驶过程中,差速器需要承受来自发动机的扭矩和转速,以及路面和车轮的反作用力。因此,差速器的承载能力对其性能和使用寿命具有重要意义。

(一)差速器的工作原理与结构

差速器主要由行星齿轮、半轴齿轮和壳体等组成。行星齿轮和半轴齿轮的啮合传动扭矩至两侧车轮,并允许两侧车轮以不同的转速转动。差速器的壳体是差速器的支撑结构,它承受来自发动机和车轮的反作用力。差速器在各类车辆中都有广泛应用,无论是轿车、卡车还是工程车辆。它在车辆行驶过程中起着至关重要的作用,特别是在复杂或变化的路况下。通过有效地分配两侧车轮的扭矩,差速器能够提高车辆的操控性和稳定性,减少轮胎磨损和动力损失。总的来说,差速器是一种复杂而高效的传动部件,它的存在使得现代车辆能够在各种路况下安全、稳定地行驶。对于车辆工程师和驾驶员来说,了解差速器的工作原理和功能是至关重要的,这有助于更好地维护和使用车辆,确保其性能和安全性达到最佳状态。

(二)差速器的承载能力分析

差速器的承载能力主要取决于其行星齿轮和半轴齿轮的强度和耐磨性,以及壳体的刚度和强度。行星齿轮和半轴齿轮在工作过程中需要承受较大的扭矩和转速,因此需要具有良好的耐磨性和强度。壳体需要承受来自发动机和车轮的反作用力,因此需要具有足够的刚度和强度,以保持其整体结构的稳定性。为了提高差速器的承载能力,可以采用高强度材料、优化齿轮参数、改善热处理工艺等措施。同时,合理的结构设计也是至关重要的,如采用加强筋、优化支撑结构等措施,可以进一步增强差速器的承载能力。

(三)差速器的控制与调节

差速器的控制与调节对于汽车的行驶性能和稳定性具有至关重要的作用。通过控制差速器的行星齿轮和半轴齿轮的啮合状态,可以实现对两侧车轮的扭矩分配和转速调节。这种调节能力是差速器的基本功能之一,它使得车辆在各种行驶条件下都能保持良好的操控性能和稳定性。

首先,差速器的作用是在汽车转弯或在不平路面上行驶时,自动调节两侧车轮的扭矩分配,以保证汽车的稳定性和操控性能。在转弯时,差速器允许外侧车轮的转速高于内侧车轮,使车辆顺利完成转向。而在颠簸路面上,差速器能够根据各个车轮所受的阻力不同,自动调节扭矩分配,保证车辆稳定行驶。

其次,通过电子控制技术对差速器进行调节,可以实现更加智能和精确的扭矩分配控制。现代汽车通常采用电子控制差速器(EDS),通过传感器检测车轮转速和转向角度等参数,将信号传递给控制单元。控制单元根据预设的控制策略计算出所需的扭矩分配比例,并通过对电磁阀或电动机的控制来实现对差速器的调节。这种调节方式具有快速响应、高精度的优点,能够显著提高汽车的操控性能和行驶稳定性。

合理的控制与调节策略对于提高汽车的行驶稳定性和操控性能具有重要意义。例如,在高速行驶时,为了提高车辆的操控稳定性,可以通过调节差速器来减少扭矩向内侧车轮的分配,从而减少转向不足的倾向。而在低附着路面上,如泥泞或雪地等,可以通过增加向外侧车轮的扭矩分配来提高车辆的牵引能力,保证车辆能够顺利通过。

最后,差速器的控制与调节还可以有效减少轮胎磨损和动力损失。通过精确地控制扭矩分配,可以减小轮胎与地面间的摩擦力,降低轮胎磨损。同时,合理的调节策略能够使发动机输出的动力更加高效地传递到车轮,减少无谓的动力损失。这不仅有助于提高燃油经济性,还能延长发动机和传动系统的使用寿命。

(四)差速器的维护与保养

差速器的维护与保养对其正常工作和延长使用寿命具有重要意义。在使用过程中,应定期检查差速器的润滑状况,确保其得到充分的润滑。同时,应定期检查差速器的磨损状况,及时更换磨损严重的齿轮和轴承。此外,应定期清洗差速器,以防止污垢和杂质对其工作造成影响。在某些特殊工况下,如高速行驶、急加速、急刹车等情况下,差速器需要承受较大的瞬时扭矩和转速。在这些情况下,差速器的性能表现对其安全性和稳定性具有重要影响。因此,在设计和制造过程中应充分考虑这些特殊工况的要求,提高差速器的瞬时承载能力和可靠性。

(五)材料与工艺选择对差速器性能的影响

材料与工艺的选择对差速器的性能和使用寿命具有重要影响。在选择材料时,应考虑其强度、耐磨性、耐冲击性等特点。在工艺方面,应采用先进的热处理技术和加工工艺,以提高齿轮的精度和表面质量,减少摩擦和磨损。此外,合理的密封设计和防尘措施也可以提高差速器的使用寿命和可靠性。通过对实际使用中的案例进行分析和总结实践经验,可以深入了解差速器的性能表现和常见问题。通过收集和分析实际使用中的故障数据,可以发现差速器设计和制造中的不足之处,并采取相应的改进措施。此外,通过与专业人士的交流和学习实践经验,可以不断提高对差速器性能和使用寿命的认识与理解。差速器的承载力是多因素的综合体现,涉及工作原理、结构、材料、工艺、控制与调节、维护与保养等多个方面。在设计、制造和使用过程中应对这些因素进行综合考虑和处理,以提高差速器的承载能力和可靠性。同时,合理的维护和保养也是保证差速器正常工作和延长使用寿命的重要措施之一。

五、汽车常用机构承载力的优化设计

汽车常用机构承载力的优化设计是提高汽车性能、降低能耗和延长使用寿命的重要手段。通过对汽车常用机构,如发动机、传动系统、悬挂系统等关键部件的承载力进行优化设计,可以提高汽车的行驶稳定性、操控性和经济性。本部分内容将对汽车常用机构承载力的优化设计进行详细探讨。

(一)发动机承载力优化

发动机是汽车的核心部件,它为汽车提供动力,使汽车得以运动。发动机的功率和扭矩决定了汽车的动力性能。功率决定了汽车的最大行驶速度,而扭矩决定了汽车的加速能力和爬坡能力。如果发动机的功率和扭矩不足,汽车在高速行驶时可能会动力不足,加速缓慢,爬坡能力也会受到限制。因此,发动机的承载能力对汽车的动力性具有重要影响。发动机的燃油经济性也是影响汽车经济性的重要因素。如果发动机的燃油效率低下,会导致油耗增加,从而增加运行成本。因此,在设计和制造发动机时,需要注重提高燃油经济性,例如采用先进的燃油喷射技术、优化进排气系统等措施,以提高发动机的燃油效率。发动机的可靠性也是影响汽车使用寿命的重要因素。如果发动机的可靠性差,容易出现故障,会导致维修成本增加,同时也可能缩短汽车的使用寿命。因此,在设计和制造发动机时,需要注重提高其可靠性,例如采用耐用的材料、加强关键部件的强度等措施。发动机的承载能力对汽车的动力性和经济性具有重要影响。为了提高汽车的动力性和经济性,需要不断优化发动机的设计和制造工艺,提高其功率和扭矩、燃油经济性和可靠性。同时,驾驶员也应保持良好的驾驶习惯,定期进行保养和维护,以确保发动机处于良好的工作状态。

(1)优化发动机结构。根据实际需求和工况,对发动机的结构进行优化设计,以提高其刚度和强度。例如,采用高强度材料、加强筋、优化支撑结构等措施,可以增强发动机的抗扭矩和抗弯曲能力。

(2)提高零部件的强度和耐磨性。通过采用高强度材料、优化热处理工艺和表面处理技术等措施,可以提高发动机零部件的强度和耐磨性,从而提高发动机的整体性能和使用寿命。

(3)优化润滑系统。良好的润滑系统可以提高发动机零部件的润滑效果,减少摩擦和磨损。通过合理选择润滑油、优化润滑管道设计等措施,可以提高发动机的润滑效果和燃油经济性。

(二)传动系统承载力优化

传动系统是汽车的关键部件之一,其承载能力对汽车的行驶稳定性和操控性能具有重要影响。

(1)优化齿轮参数。根据实际需求和工况,对齿轮的模数、压力角、齿高等参数进行优化设计,以提高齿轮的承载能力和使用寿命。同时,采用高强度材料和先进的热处理技术,可以提高齿轮的强度和耐磨性。

(2)加强轴承支撑。轴承是传动系统中重要的支撑部件,其支撑稳定性对传动系统的性能和使用寿命具有重要影响。通过加强轴承支撑、采用高精度轴承等措施,可以提高轴承的刚度和强度,减少振动和噪声。

（三）悬挂系统承载力优化

悬挂系统是汽车的重要组成部分，它负责连接车轮和车身，并缓冲和吸收来自路面的冲击。悬挂系统的承载能力对汽车的行驶稳定性具有重要影响。在高速行驶时，如果悬挂系统的承载能力不足，车轮容易发生颤动或摇摆，导致车辆行驶轨迹不稳定，增加了驾驶难度和安全隐患。因此，悬挂系统需要具备足够的承载能力，以保持车轮的稳定性和行驶轨迹的准确性。

悬挂系统的设计对汽车的操控性能具有重要影响。悬挂系统的设计决定了车轮在受到路面冲击时的响应方式和程度。如果悬挂系统设计不合理，车轮的响应方式可能过于敏感或迟钝，导致操控性能下降。因此，在设计和制造悬挂系统时，需要充分考虑汽车的操控性能要求，确保悬挂系统的设计合理且响应适度。悬挂系统的调整和维护对汽车的行驶稳定性和操控性能具有重要影响，是保证其正常工作的重要措施。如果悬挂系统调整不当或缺乏适当的维护，可能会导致其性能下降，从而影响汽车的行驶稳定性和操控性能。因此，驾驶员应定期检查和维护悬挂系统，确保其处于良好的工作状态。同时，驾驶员也应保持良好的驾驶习惯，以充分发挥悬挂系统的作用，提高汽车的行驶性能和安全性。通过对车轮、弹簧、减震器等部件进行优化设计，合理分配载荷，可以提高汽车的行驶稳定性和操控性能。在实际应用中，应根据具体需求和工况，综合考虑各种因素，采取适当的优化措施，以获得最佳的设计效果。同时，应关注新技术的发展和应用，不断推动汽车常用机构承载力的优化设计向更高水平发展。

第五章 汽车机械传动

第一节 带 传 动

一、带传动的工作原理

带传动是一种常用的机械传动方式,它利用带与带轮之间的摩擦力来传递运动和动力。带传动具有结构简单、传动平稳、价格低廉、维护方便等优点,在各种机械设备中得到了广泛应用。

(一)带传动的组成

带传动是一种基于摩擦力原理的机械传动方式,主要由主动轮、从动轮和传动带三部分组成。

主动轮是带传动中的动力输入部分,通常通过电动机或其他动力源驱动。它通过转动,带动传动带运动,从而将动力传递给从动轮。主动轮一般设计有轮毂和轴承,以支撑传动带的运动。

从动轮是带传动中的动力输出部分,负责接收主动轮传递的动力并传递运动。从动轮通常与主动轮配套使用,其设计也包括轮毂和轴承,以支撑传动带的运动。从动轮可以根据实际需求进行设计和配置,以满足不同的传动要求。

传动带是带传动中的重要组成部分,它连接主动轮和从动轮,并利用摩擦力传递动力。传动带一般由橡胶、纤维或金属等材料制成,具有一定的弹性和耐久性。在运行过程中,传动带与主动轮和从动轮产生摩擦力,从而实现动力的传递。

带传动的运行原理基于摩擦力原理,即通过摩擦力将主动轮的旋转运动传递给从动轮。当主动轮转动时,传动带受到摩擦力的作用,产生一定的张力,使传动带与主动轮紧密接触并跟随主动轮的旋转方向运动。同时,由于传动带与从动轮之间的摩擦力作用,从动轮也跟随传动带的运动而转动,从而实现动力的传递。

在带传动的运行过程中,张紧力的大小对传动效果具有重要影响。张紧力是指传动带受到的拉力或压力,它可以保证传动带与主动轮和从动轮之间的接触压力,从而提高摩擦力,增强传动效果。如果张紧力过小,会导致传动带打滑或传递效率下降;如果张紧力过大,则会导致传动带过快磨损或损坏。因此,需要根据实际情况选择合适的张紧力,并定期检查和调整张紧装置,以确保带传动的正常运行。

除了摩擦力和张紧力之外,传动带的长度、宽度和厚度等参数也会影响带传动的性能。在选择传动带时,需要根据实际需求和工况进行选型和配置,以保证带传动的可靠性和经济性。

在实际应用中,带传动具有广泛的应用范围。由于其结构简单、成本低廉、维护方便等优点,被广泛应用于电动机、减速机、泵、压缩机等机械设备中。通过合理的选型和配置,以及正确的安装和维护,带传动可以满足各种不同的工作需求,并发挥出良好的性能和经济效益。通过利用摩擦力和适当的张紧力,带传动可以实现动力的有效传递。了解和掌握带传动的原理、组成和工作特性,有助于更好地应用和维护带传动系统,提高机械设备的工作效率和可靠性。

(二) 带传动的类型

V 带传动是一种常用的带传动方式,其特点是采用"V"形截面的传动带,使得传动带能够与带轮之间产生更大的摩擦力,从而实现动力的传递。V 带传动的结构相对简单,主要由主动轮、从动轮和 V 形传动带组成。在运行过程中,V 带与主动轮和从动轮之间的摩擦力使得动力得以传递。

V 带传动的适应性和可靠性得到了广泛的认可,因此它被广泛应用于各种机械设备中。其应用范围涵盖了电动机、减速机、泵、压缩机等领域的动力传递。与其他类型的带传动相比,V 带传动具有更广的传动比范围和更高的功率传递能力。这使得 V 带传动成为中高功率传动场合的优选方案。

在 V 带传动的应用中,为了确保其正常工作和延长使用寿命,需要注意以下几点。首先,需要合理选择和配置 V 带传动的参数,包括带的型号、长度、宽度和厚度等。这些参数将直接影响传动的性能和可靠性。其次,要保持适当的张紧力,以产生足够的摩擦力来传递动力。张紧力的调整应定期进行,以确保带与带轮之间的接触压力适中。此外,为了防止带的打滑和过载,需要定期检查带的磨损状况,并及时更换磨损严重的带。

除了 V 带传动外,还有其他类型的带传动方式,如平带传动和同步带传动等。

平带传动采用平行截面的传动带,适用于较小的传动比和较低的功率传递。同步带传动则利用特殊结构的同步带与带轮之间的啮合来传递动力,适用于需要精确同步的场合。这些类型的带传动在特定的应用场合各有优缺点,可以根据实际需求进行选择。

二、带传动的摩擦力传递原理

带传动的工作原理是利用带与带轮之间的摩擦力来传递动力,这一原理的实现涉及多个方面的因素。首先,我们需要了解摩擦力的产生及其在带传动中的作用。

摩擦力是两个接触表面之间的阻力,它阻碍物体之间的相对运动。在带传动中,带与带轮之间的摩擦力是传递动力的关键因素。当带与带轮接触时,接触区域产生摩擦力,这个摩擦力促使带跟随主动轮的旋转方向运动。

主动轮是带传动中的动力输入部分,它通过转动来带动带运动。当主动轮转动时,受到的摩擦力使带紧密贴合在主动轮的表面上,并随着主动轮的旋转而运动。这个摩擦力确保了带与主动轮之间的紧密结合,从而实现了动力的有效传递。同时,由于带与从动轮之间的摩擦力作用,从动轮得以转动。从动轮是带传动中的动力输出部分,它接受并传递运动。由于带与从动轮之间的摩擦力,从动轮能够跟随带的运动方向转动,从而实现运动和动力的传递。

除了摩擦力之外,张紧力也是带传动中重要的因素。张紧力是指带受到的拉力或压力,它能够保证带与带轮之间的紧密接触,从而提高摩擦力。适当的张紧力可以确保带与带轮之间的接触压力足够大,以产生足够的摩擦力来传递动力。如果张紧力不足,会导致带与带轮之间的摩擦力减小,从而出现打滑现象,影响传动的稳定性和效率。此外,带的材料和类型也是影响带传动性能的重要因素。不同类型的带具有不同的材料和结构,这决定了它们在传动中的摩擦系数、耐久性和承载能力。选择符合工作条件和要求的带材是确保带传动正常工作和高效传递的关键。

在实际应用中,为了确保带传动的可靠性和稳定性,还需要注意一些其他因素。例如,需要定期检查和维护带传动系统,包括调整带的张紧力、更换磨损的带和从动轮等。此外,应避免过载和冲击对带传动的影响,以延长其使用寿命和保证传动的稳定性。

三、带传动的张紧与调节

为了保证带传动正常工作,确保其高效、稳定地传递动力,必须关注多个方面的问题。其中,张紧力是关键因素之一。适当的张紧力能够产生足够的摩擦力,从而保证带与带轮之间的紧密结合。如果张紧力不足,摩擦力减小,容易导致带打滑,影响传动的稳定性。因此,保持适当的张紧力是带传动正常工作的前提。

为了调节带的张紧力,可以采用多种方法。一种常见的方法是使用定期调整装置。通过定期检查带的张紧状况,可以及时发现张紧力的变化,并采取相应的调整措施。例如,通过调整带轮的位置或改变轴承的装配关系,可以调整带的张紧力,确保其保持在适当的范围内。这种定期调整的方法虽然需要人工干预,但对于大多数应用场景来说已经足够。

另一种调节带张紧力的方法是使用自动张紧装置。自动张紧装置能够根据带的张紧状态自动调节,无须人工干预。这种装置通常采用传感器和控制系统,实时监测带的张紧力,并通过调节电机或其他执行机构来改变带的张紧状态。自动张紧装置能够更加精确地控制带的张紧力,减少人工调整的误差和不便。然而,自动张紧装置的成本较高,因此在一些低成本应用中可能不太适用。

除了调节张紧力之外,为了防止带打滑,还需要定期检查带的磨损状况。带在长期使用过程中会逐渐磨损,导致其摩擦系数降低。如果磨损严重,带与带轮之间的摩擦力将不足以传递动力,从而导致打滑。因此,定期检查带的磨损状况非常重要。一旦发现带磨损严重,应及时更换,以保证传动的稳定性和效率。

除了上述措施外,还有其他方法可以防止带打滑。例如,采用防滑带或增加带的层数可以提高其承载能力和摩擦系数。此外,优化带轮和轴承的设计可以提高其接触面积和摩擦性能,进一步减少打滑的可能性。为了保证带传动正常工作,需要关注多个方面的问题,通过综合考虑这些因素并采取相应的措施,可以确保带传动正常、高效地工作,为各种机械设备提供稳定可靠的传动解决方案。

四、带传动的效率与影响因素

带传动的效率受到多种因素的影响,包括带的材料、型号、张紧力、带轮的表面粗糙度等。其中,带的型号和张紧力对效率的影响较大。当带的型号与带轮不匹配或张紧力不足时,会导致摩擦力减小,从而降低传动效率。此外,带传动还受到载荷、转速、环境等因素的影响,当载荷过大或转速过高时,会导致带的磨损加剧,从而降低传动效率和使用寿命。

带传动的效率受到多种因素的影响,并且会随着工作条件和使用时间的改变而发生变化。了解带传动的效率及其影响因素对于优化设计、提高传动性能和延长使用寿命具有重要意义。

(一)带传动的效率

带传动的效率是指在传递相同功率的情况下,实际消耗的功率与理论消耗功率的比值。带传动的效率受到多种因素的影响,包括带的材料、类型、截面尺寸、工作条件、环境温度和湿度等。在实际应用中,带传动的效率取决于具体的工作条件和设计参数,通常在90%~98%之间。

针对上述影响因素,可以采取一系列措施来提高带传动的效率:

(1)选择合适的材料和类型。根据实际工作条件选择具有良好弹性、耐磨性和合适摩擦系数的带材料,以及结构合理的带类型。

(2)优化设计参数。通过精确计算选择合适的截面尺寸、带轮直径和中心距等设计参数,以减小带的弯曲应力和滑动摩擦损失。

(3)改善工作条件。通过降低载荷、控制转速和合理安排工作时间等方式改善工作条件,减轻带的磨损和发热问题。

(4)控制环境因素。在设备使用环境中采取措施控制温度和湿度的变化范围,以减少对材料性能的影响。

(5)加强维护保养。定期对传动系统进行检查、调整和更换磨损严重的部件,以保持其良好的工作状态和传动效能。

(二)影响因素

带的材料和类型对传动的效率有显著影响。不同类型的带具有不同的弹性模量、摩擦系数和耐久性,因此适用于不同的工作条件和功率范围。例如,天然橡胶带具有良好的弹性和摩擦性能,适用于高速传动;而聚酯纤维带则具有较高的强度和耐久性,适用于重载和高温环境。

带的截面尺寸也会影响传动的效率。截面尺寸的增加可以提供更大的接触面积和摩擦力,从而提高传动的效率。然而,截面尺寸的增加也会导致带的弯曲刚度增加,降低带的弯曲性能,因此需要在设计时进行综合考虑。

工作条件是影响带传动效率的重要因素之一。在高速传动中,带容易产生离心力,使带的张力分布不均,从而降低传动的效率。此外,过载和过高的转速也会导致带发生打滑或过早磨损,影响传动的稳定性和效率。因此,在选择带传动时,需要充分考虑工作条件和负载要求,以确保带的正常运行和使用寿命。

环境温度和湿度也会对带传动的效率产生影响。高温和高湿度的环境会导致的材料变软或变质,降低其摩擦系数和耐久性。在低温环境下,带的材料可能会变硬或脆化,容易发生断裂。因此,在设计带传动时,需要考虑工作环境的特点,并选择适当的材料和防护措施来提高其适应性和可靠性。

带轮的表面粗糙度对传动的效率也有一定的影响。如果带轮的表面粗糙度过高,会导致带的磨损加剧;如果表面粗糙度过低,则会导致摩擦系数减小,容易引起打滑。因此,需要根据具体的工作条件和要求选择适当的表面粗糙度值。

预紧力是指带传动装配时施加在带上的初始张力。预紧力的作用是消除带与带轮之间的间隙,使带与带轮紧密接触,从而提高摩擦力。因此,需要根据实际的工作条件和要求选择适当的预紧力值。

(三)优化设计措施

选择合适的材料和类型:根据工作条件和要求选择具有高弹性模量、高摩擦系数和高耐久性的材料和类型。例如,采用高强度聚酯纤维材料、黏性橡胶材料等。

优化截面尺寸。根据传递的功率和转速选择合适的截面尺寸,以获得更好的接触面积和摩擦力分布。同时要考虑带的弯曲刚度和动态特性。

提高环境适应性。根据工作环境的特点采取适当的防护措施,如防尘、防锈、防潮等,以提高带的适应性和可靠性。

控制预紧力。根据工作条件和要求选择合适的预紧力值,以获得更好的传动效果和减少带的磨损。预紧力的大小可以通过调整装置进行控制。

定期维护。定期检查带的磨损状况和使用情况,及时更换磨损严重的带,以保证传动的稳定性和效率。同时要保持清洁和维护良好的工作环境。

优化设计参数。在设计和制造过程中要不断优化带的长度、宽度、厚度等参数,以及优化带轮的几何形状和表面粗糙度等参数,以提高传动的效率和使用寿命。

采用新技术和新材料。随着技术的不断进步和新材料的出现,可以采用新技术和新材料来提高带的性能和使用寿命。例如,采用纳米技术改善材料的性能;

采用高分子复合材料提高带的强度和耐久性等。

选用高性能带轮。选择合适的高性能带轮可以提高传动效率和使用寿命。

五、带传动的应用范围与选型原则

带传动适用于中低速、中小功率的传动场合,如电动机、减速机、泵、压缩机等机械设备中。在选择带传动时,主要考虑因素包括功率、转速、传动比、环境条件等。同时,还需要考虑带的寿命、维护和更换周期等因素,以确保带传动的可靠性和经济性。根据工作条件和要求的不同,带传动的类型和材料选择也有所不同。下面将重点探讨带传动的应用范围与选型原则。

(一)带传动的应用范围

(1)工业制造领域

在工业制造领域中,各种机械设备需要稳定可靠的动力传输来保证生产过程的顺利进行。带传动作为一种可靠的传动方式,能够满足这一需求。它可以为机械设备提供平稳的扭矩和转速,并且能够在不同的工作条件下保持良好的性能。

在减速机中,带传动是一种常用的传动方式。通过带传动,减速机可以将高转速、低扭矩的输入转化为低转速、高扭矩的输出,从而满足各种不同的工业需求。例如,在纺织机械、包装机械、印刷机械等机械设备中,减速机中的带传动可以将电动机的高速旋转降低到适合的工作转速,同时提供足够的扭矩来驱动工作机构。除了减速机,压缩机、泵和电机等机械设备也是带传动的重要应用领域。在压缩机中,带传动可以驱动转子旋转,使气体压缩并输送到所需的压力范围内。在泵中,带传动可以驱动泵的叶轮旋转,使液体被吸入、加压并输送到目的地。在电机中,带传动可以用来调节电机的转速,从而实现对电机输出扭矩和功率的精确控制。

带传动的可靠性在工业制造领域中非常重要。由于工业生产往往需要连续进行,机械设备需要具备高度的可靠性和稳定性。带传动的可靠性可以保证机械设备在长时间运行中保持稳定的性能,减少故障的发生,从而提高生产效率和产品质量。此外,带传动的维护成本相对较低,也是其广泛应用于工业制造领域的重要原因之一。带传动的维护相对简单,不需要复杂的润滑系统和高精度的齿轮传动装置。因此,维护成本较低,且更换带或带轮的周期较长,减少了维修的频率和停机时间。

在工业制造领域中,带传动作为一种可靠的传动方式,具有广泛的应用前景。它能够为各种机械设备提供稳定可靠的动力传输,保证生产过程的顺利进行。

(2)交通运输领域

在交通运输领域,带传动也发挥着不可替代的作用,被广泛应用于各种交通工具中。带传动在汽车、火车、船舶和飞机等交通工具中的应用,不仅提高了动力传输的效率和稳定性,还为各种辅助装置的控制提供了可靠的支持。

首先,在汽车中,带传动是一种常见的传动方式。它可以用来传递发动机的动力,驱动汽车的轮胎转动,从而实现汽车的行驶。汽车中的带传动系统通常包括发动机带轮、传动带和从动带轮等组成部分,能够将发动机的高转速和低扭矩转化为适合轮胎转动的低转速和高扭矩,驱动汽车行驶。此外,在汽车的一些辅助装置中,带传动也得到了广泛应用。例如,空调压缩机、发电机和动力转向泵等辅助装置通常采用带传动来传递动力。通过带传动,这些辅助装置能够根据汽车的工作需求和驾驶条件进行精确的控制,确保汽车的稳定运行和良好的驾驶体验。

在火车中,带传动也被广泛应用于传动系统中。火车通常采用柴油机或电动机作为动力源,通过带传动将动力传递到车轮上,驱动火车前进。船舶是另一种常见的交通工具,也广泛采用了带传动技术。在船舶中,带传动可以用来传递发动机的动力,驱动螺旋桨转动,使船舶前进。飞机是一种高速度、高效率的交通工具,其中也运用到了带传动技术。在飞机中,带传动通常被用于驱动辅助发电机、空调系统和泵等辅助装置。这些装置对于飞机的正常运行至关重要,而带传动的精确控制和可靠运行则能够确保这些装置在各种复杂的工作条件下都能够正常工作。

除了上述交通工具外,还有一些特殊用途的交通工具也采用了带传动技术。例如,在雪地车、沙漠越野车和山地自行车等特殊用途的车辆中,带传动被用于驱动车辆的轮胎或履带,适应复杂的地形和恶劣的环境条件。在这些情况下,带传动的性能和可靠性尤为重要,直接影响到车辆的正常运行和安全性。

(3)农业领域

在农业机械中,带传动扮演着至关重要的角色,广泛应用于各种农业设备中,如拖拉机、收割机、灌溉设备等。带传动在农业机械中的应用,不仅提高了农业生产的效率和自动化水平,还为农业机械的可靠运行提供了保障。

拖拉机是农业生产中不可或缺的重要机械。在拖拉机中,带传动主要用于驱动其工作装置,如犁、旋耕机、播种机等。通过带传动,拖拉机能够将发动机的动力稳定地传递到工作装置上,实现各种农业作业的高效完成。此外,在一些现代化的拖拉机中,带传动还被用于调节发动机的转速和输出功率,从而实现拖拉机的无级变速和自动化控制。

收割机是另一种重要的农业机械,用于收割农作物。在收割机中,带传动通常被用于驱动切割装置和输送装置。通过带传动,收割机能够将发动机的动力高效地传递到切割装置上,实现农作物的快速收割;同时,带传动还能够将收割的农作物输送到储藏或运输设备中,提高了农作物的收获效率和作业质量。

除了拖拉机和收割机等常用农业机械外,灌溉设备也是带传动的重要应用领域之一。在灌溉设备中,带传动通常被用于驱动水泵或输水管路系统。通过带传动,灌溉设备能够将动力高效地传递到水泵上,实现水流的加压和输送;同时,带传动还能够控制输水管路系统的开关和水流的大小,实现农田的自动化灌溉。

除了传统的农业机械外,新型农业设备也在不断涌现,带传动在这些设备中的应用也越来越广泛。例如,在智能化的农业机器人、精准播种机和施肥机等新型农业设备中,带传动被用于驱动各种传感器、执行器和控制系统。通过带传动,这些新型农业设备能够实现精确定位、导航和自动化控制,提高农业生产的高效性和精确性。

在农业机械中,采用带传动的优势在于其稳定可靠的传动性能、良好的缓冲减震效果以及较长的使用寿命。带传动能够适应各种复杂的工作条件和环境因素,如土壤湿度、农作物种类和气候变化等。在农业生产中,这些因素可能会对机械设备的性能产生影响,而带传动的稳定性和可靠性则能够确保机械设备在各种条件下都能够正常工作。

(4)办公设备及家用电器领域

在办公设备和家用电器中,带传动作为一种重要的传动方式,也得到了广泛的应用。复印机、打印机、传真机、空调、冰箱等日常使用的设备和产品都采用了带传动技术。带传动在这些设备和产品中的应用,不仅提高了设备的效率和性能,还为设备的稳定运行提供了保障。

1. 复印机和打印机

在复印机和打印机中,带传动通常被用于驱动扫描仪、打印头等关键部件。通过带传动,复印机和打印机能够实现快速、准确地扫描和打印文档,提高了办公的效率和质量。此外,在一些高端的复印机和打印机中,带传动还被用于调节设备的速度和精度,进一步提高了设备的性能和稳定性。

2.家用电器

空调和冰箱是两种常见的家用电器,它们都采用了带传动技术。在空调中,带传动通常被用于驱动风扇和压缩机,从而实现制冷和通风的功能。在冰箱中,带传动则被用于驱动压缩机制冷,保持冰箱内部的低温状态。通过带传动,空调和冰箱能够实现高效的工作和稳定的运行,为家庭生活提供了便利。

3.新型的设备和产品

在智能化的办公设备和家居智能电器等新型产品中,带传动被用于驱动传感器、执行器和控制系统。通过带传动,这些新型设备和产品能够实现精确控制和自动化操作,提高了使用的便利性和智能化水平。

(二)带传动的选型原则

(1)明确工作条件和要求

在工业制造和日常生活中,带传动是一种广泛应用于各种机械设备的传动方式。为了确保带传动的稳定性和可靠性,选择合适的带传动类型和材料至关重要。在选择传动时,我们需要首先明确机械设备的工作条件和要求,如传递的功率、转速、传动比、使用环境等。这些参数将直接影响带传动的类型和材料选择。首先,传递的功率是选择带传动时需要考虑的重要因素。带传动的功率决定了所需带的最小厚度和强度。根据所需的功率大小,可以选择不同规格和厚度的带。如果传递的功率较大,需要选择具有较高承载能力的带,如聚酯纤维带或钢带等。其次,转速也是影响带传动选择的因素之一。高转速要求带的转动惯量小,以减小动载荷和振动。因此,对于高转速的机械设备,应选择较窄的带和较小的带轮直径,以降低转速和减小转动惯量。再次,传动比是另一个需要考虑的因素。对于不同的传动比要求,可以选择不同类型的带传动。例如,对于较大的传动比,可以选择多级带传动或使用带有较大直径的小轮来增加传动比。从次,使用环境也是选择带传动时需要考虑的因素之一。不同的工作环境对带传动的材料和防护要求不同。例如,在潮湿或腐蚀性环境中工作,需要选择耐水和耐腐蚀的材料,如橡胶带或尼龙带等。在高温环境中工作,需要选择耐高温的材料,如钢带或陶瓷带等。最后,不同的带传动类型也有其特定的应用范围。例如,平带适用于平行轴之间的传动,而 V 带适用于锥形轴之间的传动。在选择带传动时,需要根据具体的机械设备和工作条件选择合适的带传动类型。

（2）考虑带的材料和类型

在选择带传动时,带材料和类型的选择是至关重要的环节。不同类型的带具有不同的性能特点,适用于不同的工作条件和场合。因此,我们需要根据机械设备的工作条件和要求,选择合适的带材料和类型,以确保带传动的性能和寿命。例如,天然橡胶带是一种常见的带材料,具有良好的弹性,能够吸收振动和冲击,减少传动过程中的噪声和振动。此外,天然橡胶带的摩擦性能较好,能够提供较好的传动效率。因此,天然橡胶带适用于高速传动,如家用电器中的带传动。聚酯纤维带则是一种具有较高强度和耐久性的带材料。与天然橡胶带相比,聚酯纤维带具有更好的耐高温和耐腐蚀性能,能够在较宽的温度范围内保持稳定的性能。此外,聚酯纤维带的强度较高,能够承受较大的负载和冲击。因此,聚酯纤维带适用于重载和高温环境,如汽车工业中的带传动。

除了天然橡胶带和聚酯纤维带之外,还有许多其他类型的带材料和类型可供选择。例如,尼龙带具有较好的耐油和耐化学腐蚀性能;钢带则具有较高的强度和刚度,适用于大功率和高转速的传动;而同步带则具有较高的传动精度和稳定性,适用于需要精确传动的场合。

在选择合适的材料和类型时,还需要考虑其他因素,如成本、维护和更换成本等。不同类型和材料的带具有不同的成本和维护要求。在选择带材料和类型时,需要进行综合考虑,以选择最符合机械设备工作条件和要求的带传动方案。

（3）确定带的截面尺寸

在选择合适的带传动时,除了考虑带材料和类型,截面尺寸也是非常重要的参数。根据传递的功率和转速,确定合适的截面尺寸是确保带传动稳定性和效率的关键。

一般来说,较窄的带能够传递较小的功率,而较宽的带则能够传递较大的功率。这是因为宽的带具有更大的接触面积和摩擦力,能够承受更大的负载。但是,截面尺寸的选择并不是唯一的决定因素,还需要考虑带传动的转速和动态特性。

在高速传动中,需要选择较窄的带以减小离心力和动态应力,从而降低带的振动和噪声。而在低速重载传动中,为了提供足够的摩擦力和承载能力,需要选择较宽的带。因此,在选择截面尺寸时,需要根据具体的传动要求和条件进行综合考虑。除了截面尺寸之外,带的弯曲刚度和动态特性也是需要考虑的因素。带的弯曲刚度决定了带在传动过程中的稳定性和振动特性,而动态特性则与带的材料和结构有关。在高速传动中,需要具有较好的弯曲刚度和动态稳定性,以减小振动和失真,提高传动的稳定性。

(4)考虑带轮的尺寸和材质

带轮的尺寸和材质对传动的性能与使用寿命也有影响。选择合适的大小和材质,确保带轮与带之间的接触面积和摩擦力足够,同时要考虑带轮的制造工艺和使用环境。根据工作条件和要求,选择合适的预紧力和张紧装置。张紧装置可以保证带在运行过程中的张紧力保持恒定。

根据使用环境和条件,选择合适的防护措施和材料,以提高带的适应性和可靠性。例如,在潮湿环境中应选择防潮材料;在高温环境中应选择耐热材料;在有腐蚀性的环境中应选择防腐材料等。在满足工作条件和使用要求的前提下,应尽量选择成本较低、维护方便的带传动方案。同时要考虑备件的可获得性和互换性,以便在需要时进行快速更换和维护。

在某些关键设备中,带传动的安全性与可靠性尤为重要。应选择经过认证的高质量产品,并遵循安全规范进行设计和安装。确保带传动在使用过程中不会发生故障或对人员造成伤害。

带传动的应用范围广泛,选型原则需要根据具体的工作条件和要求进行综合考虑。通过明确工作条件和要求、选择合适的材料和类型、确定截面尺寸、考虑带轮的尺寸和材质、预紧力和张紧装置的选择、防护措施和环境适应性、成本和维护性以及安全性与可靠性等方面的因素,可以合理选用适合的传动方案,满足不同机械设备的需求,提高传动效率和使用寿命。

第二节 齿轮传动和蜗杆传动

一、齿轮传动和蜗杆传动的基本概念

(一)齿轮传动

齿轮传动具有多种类型,包括平面齿轮传动和空间齿轮传动。平面齿轮传动主要包括直齿圆柱齿轮传动、斜齿圆柱齿轮传动和人字齿圆柱齿轮传动。直齿圆柱齿轮传动是最基础的齿轮传动方式,其特点是齿轮的齿廓为直线,传递动力平稳但承受的扭矩较小。斜齿圆柱齿轮传动的齿廓为倾斜的直线,相比直齿圆柱齿轮传动能承受更大的扭矩,但制造难度较高。人字齿圆柱齿轮传动的齿廓形状类似于"人"字,具有更好的承载能力和稳定性,常用于需要大扭矩和稳定传动的场合。

空间齿轮传动则包括圆锥齿轮传动、蜗轮蜗杆传动和交错轴斜齿轮传动等。圆锥齿轮传动主要应用于传递相交轴间的运动,其特点是承载能力强、传动效率高,但制造较为复杂。蜗轮蜗杆传动则适用于传递垂直轴间的运动,具有反向自锁功能,常用于减速装置,但其传动效率相对较低。交错轴斜齿轮传动能够传递相交轴间的运动,其特点是承载能力强、传动效率高,但制造难度较大。

齿轮传动的优点包括高效稳定、结构紧凑、耐久性强等,使得其在各种机械设备中得到广泛应用。例如在汽车领域中,齿轮传动被广泛应用于发动机、变速器和差速器等关键部件中。在航空领域中,飞机发动机中的减速器和螺旋桨控制系统也离不开齿轮传动的支持。此外,齿轮传动还广泛应用于能源、化工、纺织等领域的机械设备中。

(二)蜗杆传动

蜗杆传动是一种由蜗杆和蜗轮组成的机械传动方式,具有结构紧凑、传动比大、工作平稳等优点。蜗杆传动的关键部件是蜗杆和蜗轮,其中蜗杆通常具有螺旋状的齿面,而蜗轮则具有与蜗杆相配合的轮齿。

根据蜗杆的螺旋方向不同,蜗杆传动可分为右旋蜗杆传动和左旋蜗杆传动两种类型。右旋蜗杆传动的蜗杆呈右旋方向,而左旋蜗杆传动的蜗杆则呈左旋方向。在实际应用中,应根据工作需求选择合适的螺旋方向以满足不同的减速或增速要求。此外,根据蜗杆和蜗轮的相对位置不同,蜗杆传动可分为直纹面蜗杆传动和曲纹面蜗杆传动。直纹面蜗杆传动的蜗杆和蜗轮的轴线相互垂直,而曲纹面蜗杆传动的蜗杆和蜗轮的轴线则有一定的倾斜角度。不同的相对位置会导致不同的传动特性和适用范围,因此在选择时需要根据实际需求进行权衡。

与齿轮传动相比,蜗杆传动在传递动力时具有更大的减速比和更高的承载能力,这使得蜗杆传动在某些需要大减速比的场合中具有独特的优势。例如,在某些精密仪器或高精度制造设备中,蜗杆传动被用于实现微小角度的调整或进行精确的定位。此外,由于蜗杆传动的结构紧凑,它还广泛应用于各种紧凑型机械设备中,如纺织机械、包装机械等。齿轮传动和蜗杆传动作为两种常见的机械传动方式,各自具有独特的优点和适用范围。无论是齿轮传动还是蜗杆传动,其设计和制造都需要充分考虑工况和使用要求,以确保其性能和使用寿命。在实际应用中,应根据工作需求选择合适的传动方式以满足不同的动力传递要求。

二、蜗杆传动的原理和特点

蜗杆传动是一种由蜗杆和蜗轮组成的机械传动方式,广泛应用于各种机械设备中。其基本原理是利用蜗杆和蜗轮的啮合来传递动力,从而实现减速或增速的效果。

(一)蜗杆传动的原理

蜗杆传动的原理基于两个基本要素:一是蜗杆和蜗轮的啮合,二是传动轴之间的相互作用。当蜗杆和蜗轮彼此接触时,蜗轮的齿面与蜗杆的齿面形成点接触。在传动过程中,蜗杆通过旋转运动将动力传递至蜗轮,从而实现减速或增速的效果。根据传动轴的配置方式,蜗杆传动可以分为平行轴蜗杆传动和交错轴蜗杆传动等类型。

在蜗杆传动中,蜗杆和蜗轮的齿面接触点处的线速度是不一样的。具体来说,线速度与半径成正比,因此蜗轮的齿面速度与蜗杆的齿面速度在接触点处相等。由于齿面速度的差异,会产生相对滑动。这种相对滑动会导致齿面磨损和摩擦力增大,从而影响传动的效率。因此,为了减小相对滑动的影响,需要选择合适的润滑方式来减小摩擦力。此外,蜗杆传动的传动比等于蜗轮齿数与蜗杆头数之比。根据传动比的大小,蜗杆传动可以分为高速传动和低速传动两种类型。高速传动通常用于需要大减速比的场合,而低速传动则用于需要低减速比的场合。

(二)蜗杆传动的特点

高减速比:蜗杆传动的减速比通常较大,可以在一定范围内实现较大的减速效果。这使得蜗杆传动在需要大减速比的场合中具有显著的优势。

紧凑结构:由于蜗杆和蜗轮的结构紧凑,蜗杆传动装置占用空间较小,适用于各种紧凑型机械设备中。这种紧凑的结构也使得它在有限的空间内能够实现高效的传动。

工作平稳:在合适的条件下,蜗杆传动能够实现平稳的工作状态。由于齿间啮合紧密,动力传输相对稳定,减少了振动和冲击的影响。

承载能力强:由于蜗杆和蜗轮之间的接触面积较大,且具有较大的齿面接触应力,因此蜗杆传动具有较强的承载能力。这使得它在传递大扭矩时仍能保持良好的工作性能。

适应性强:根据不同的工作需求,可以选择不同类型的蜗杆传动以满足不同的减速或增速要求。无论是高速还是低速传动,蜗杆传动都能发挥良好的性能。

需要维护和润滑:为了保持其良好的工作状态和延长使用寿命,需要对蜗杆传动进行定期维护和润滑。适当的润滑可以减小齿面磨损和摩擦力,从而降低故障发生的概率。

对安装精度要求高:蜗杆传动的安装精度对其工作性能有很大影响。如果安装不精准,可能会导致齿面接触不良、噪声增大或传动效率降低等问题。因此,在安装过程中需要确保各部件的位置和精度要求。

成本较高:相对于一些其他传动方式,如皮带传动或链条传动,蜗杆传动的制造成本通常较高。这主要是因为对蜗杆和蜗轮的加工精度和材料要求较高。

对环境敏感:蜗杆传动受到环境温度、湿度和污染等因素的影响较大。在高温度或高湿度环境下工作可能会影响其性能和使用寿命。同时,污染物可能会附着在齿面上,影响传动的平稳性和效率。

应用范围广泛:由于其独特的优点,如高减速比、结构紧凑和工作平稳等,蜗杆传动在各种机械设备中,例如,在包装机械、纺织机械、印刷机械等领域中都有广泛应用。

三、齿轮传动和蜗杆传动的比较

(一)传动原理

齿轮传动是一种广泛应用于工业领域的传动方式,它的基本原理是利用两个齿轮之间的啮合作用传递动力。齿轮传动具有高效、精确和可靠的特点,因此在各种机械设备中得到了广泛应用。当两个齿轮彼此接触并相互转动时,一个齿轮的轮齿会进入另一个齿轮的齿槽,并通过轮齿之间的相互作用力实现动力的传递。这种啮合作用使得动力可以在两个齿轮之间连续不断地传递,从而实现旋转运动和转矩的传递。

在齿轮传动中,轮齿之间的相互作用力主要取决于两个因素:齿轮的模数和齿数。模数是决定齿轮尺寸的一个重要参数,它表示轮齿的大小。齿数是表示轮齿数量的参数。在齿轮传动中,模数和齿数的选择对传动效果有很大影响。

除了模数和齿数外,齿轮传动的效率还受到其他因素的影响,如润滑情况、齿轮精度和装配质量等。在良好的润滑条件下,齿轮传动可以更好地减少摩擦和磨损,从而提高传动效率。齿轮的精度和装配质量也对传动的平稳性和精度产生影响。

相比之下,蜗杆传动是一种用于传递旋转运动的特殊传动方式,其原理与齿轮传动存在显著差异。蜗杆传动的原理是利用蜗杆和蜗轮之间的啮合,通过蜗杆的旋转运动将动力传递至蜗轮,实现减速或增速的效果。蜗杆传动的特点是具有较大的减速比和较高的承载能力,因此在需要较大减速比的场合得到了广泛应用。此外,蜗杆传动还具有结构紧凑、运转平稳、噪声低等优点。

在蜗杆传动中,蜗杆和蜗轮的齿面之间存在较大的摩擦力,因此需要良好的润滑条件来降低摩擦和磨损。此外,蜗杆和蜗轮的精度也对传动的平稳性和精度产生影响。

(二)传动效率

在机械传动中,齿轮传动和蜗杆传动是两种常见的传动方式。它们在实现动力的传递和变速方面发挥着重要作用。尽管它们的工作原理不同,但在合适的条件下,齿轮传动和蜗杆传动都能实现较高的传动效率。

齿轮传动是一种通过两个或多个齿轮之间的啮合来传递动力的传动方式。在齿轮传动中,当主动齿轮转动时,会驱动从动齿轮一起转动,从而实现动力的传递。齿轮传动的接触面积较大,齿间接触应力较小,因此其传动效率相对较高。此外,齿轮传动的齿数比范围广,可以实现较大的减速或增速效果。然而,齿轮传动的制造精度要求较高,对于大功率和高转速的应用场景,需要采取相应的措施来减小摩擦和磨损。

相比之下,蜗杆传动是一种通过蜗杆和蜗轮之间的啮合来传递动力的传动方式。蜗杆传动的接触面积较小,但齿间接触应力较大,相对滑动也较大,因此其传动效率相对较低。然而,蜗杆传动具有较大的减速比,能够在较小的空间内实现较大的减速效果,特别适用于需要较大减速比的场合。此外,蜗杆传动还具有自锁功能,可以在一些特殊场合实现反向自锁,防止逆转。

除了上述因素外,还有其他一些因素也会影响齿轮传动和蜗杆传动的效率。例如,润滑条件、材料选择、热处理工艺、装配精度等都会对传动的效率产生影响。

在实际应用中,为了提高齿轮传动和蜗杆传动的效率,需要采取一系列措施来优化设计、提高制造精度、加强维护保养等。首先,优化设计是提高传动效率的关键。通过对齿轮或蜗杆进行优化设计,可以减小应力集中、改善接触状况、降低摩擦阻力等,从而提高传动的效率。此外,选用适当的润滑剂可以减小摩擦阻力,减少磨损和热量产生,有助于提高传动效率。其次,提高制造精度也是至关重要的。高精度的齿轮或蜗杆能够减小齿间间隙、降低相对滑动等,从而提高传动的效率。同时,制造过程中的质量控制和检测也是保证高精度齿轮或蜗杆的重要手段。最后,加强维护保养同样不可忽视。定期对齿轮或蜗杆进行润滑和维护可以保持其良好的工作状态和延长使用寿命。此外,对于磨损严重的部件应及时更换或修复,以保证传动的效率和使用效果。

齿轮传动和蜗杆传动在机械传动中各具特点。在实际应用中,需要根据具体需求选择合适的传动方式并采取一系列措施来提高其传动效率。通过优化设计、提高制造精度和加强维护保养等手段的综合运用,可以充分发挥齿轮传动和蜗杆传动的优势并提高其使用效果。

(三)适用范围

齿轮传动是一种广泛应用于各种类型机械设备中的传动方式。它能够传递大扭矩,实现高效稳定的动力传输,因此在工业领域中具有重要的地位。齿轮传动的适用范围很广,适用于各种机械设备,如汽车、飞机、船舶、工业生产线等。在汽车中,齿轮传动用于驱动车轮、转向机构等;在飞机中,齿轮传动用于驱动螺旋桨、控制面等;在船舶中,齿轮传动用于驱动推进器、舵等。此外,齿轮传动还广泛应用于各种工业生产线中,如冶金、矿山、化工等,用于驱动传送带、工作台等。

齿轮传动的特点是能够传递大扭矩和实现高效稳定的动力传输。由于齿轮的接触面积较大,齿间接触应力较小,因此能够承受较大的载荷。同时,齿轮的传动效率较高,能够实现准确、稳定的动力传输。此外,齿轮传动的结构紧凑,维护简便,使用寿命长,因此在工业领域中得到了广泛应用。

蜗杆传动是一种用于实现减速的传动方式,广泛应用于需要大减速比的场合。由于蜗杆传动的减速比大,因此在一些需要较小输入转速和较大输出扭矩的场合中非常适用。除了大减速比的特点外,蜗杆传动还具有结构紧凑的优点。由于蜗杆和蜗轮的尺寸较小,因此在一些空间受限的机械设备中能够节省空间。此外,蜗杆传动还具有承载能力大、传动平稳、噪声低等优点。

蜗杆传动的应用范围包括减速器、调速装置、卷扬机等机械设备。减速器是蜗杆传动最常见的应用场合,用于将电动机的高速旋转降低到所需的工作转速;调速装置可以利用蜗杆传动实现无级调速;卷扬机则可以利用蜗杆传动实现钢丝绳的卷绕和放松。

齿轮传动和蜗杆传动各有其独特的优缺点和适用范围。在选择合适的传动方式时,需要根据实际需求综合考虑各种因素。在需要传递大扭矩和实现高效稳定的动力传输的场合中,齿轮传动是更好的选择;而在需要大减速比或空间受限的场合中,蜗杆传动则更具优势。通过合理选择和应用这两种传动方式,可以有效地满足各种不同的传动需求,提高机械设备的性能和可靠性。

(四)设计和制造要求

齿轮传动和蜗杆传动的设计和制造要求也存在差异。齿轮传动的制造需要较高的精度和热处理技术,以保证轮齿的形状、尺寸和精度要求。在设计中,需要考虑齿轮的模数、齿数、压力角等参数,以及齿轮的材料、润滑和热处理等因素。蜗杆传动的制造同样需要较高的精度和热处理技术,以保证蜗杆和蜗轮的啮合精度和耐磨性。在设计中,需要考虑蜗杆的导程、模数、直径等参数,以及蜗轮的材料、润滑和冷却等因素。

在维护和成本方面,齿轮传动和蜗杆传动也存在差异。齿轮传动的结构较为简单,维护相对较为方便,且制造成本相对较低。而蜗杆传动则需要更多的维护和保养,如定期润滑、清洁和检查等,制造成本也相对较高。此外,在替换磨损件时,蜗杆传动的替换件成本也较高。

在环境适应性方面,齿轮传动和蜗杆传动也存在差异。齿轮传动对环境的要求相对较低,能够在较为恶劣的环境下工作,如高温、低温、潮湿等环境。而蜗杆传动则对环境的要求较高,如对温度、湿度和污染等较为敏感,在高温度或高湿度环境下工作可能会影响其性能和使用寿命,同时污染物可能会附着在齿面上,影响传动的平稳性和效率。因此,在选择时需要根据实际工作环境进行权衡。

(五)噪声和振动

在机械传动领域中,噪声和振动是一个不可忽视的问题。齿轮传动和蜗杆传动作为两种常见的传动方式,在噪声和振动方面表现出不同的特性。在这方面,齿轮传动通常具有较低的噪声和振动水平,而蜗杆传动可能会产生较大的噪声和振动。齿轮传动基于两个齿轮之间的紧密啮合,通过轮齿之间的相互作用传递动力。由于齿轮的啮合紧密,动力传输平稳,因此产生的噪声和振动相对较小。在大多数应用场景中,齿轮传动能够满足低噪声和低振动的需求。相比之下,蜗杆传动的工作原理与齿轮传动存在显著差异。蜗杆传动的啮合方式比较特殊,蜗杆与蜗轮之间的接触面积较小,导致其承载能力相对较低。由于其特殊的啮合方式,蜗杆传动在传递动力时可能会产生较大的噪声和振动。

在实际应用中,对于需要低噪声和高平稳性的场合,齿轮传动更为适合。这是因为齿轮传动的啮合紧密,动力传输平稳,能够有效地降低噪声和振动。此外,齿轮传动的结构紧凑,可靠性高,使用寿命长,因此得到了广泛的应用。为了进一步降低齿轮传动中的噪声和振动,可以采用一些优化设计和改进措施。例如,优化齿轮的设计参数、提高齿轮的加工精度、采用适当的润滑剂等都可以有效地降低齿轮传动中的噪声和振动。此外,对于一些特殊的应用场景,可以采用一些新型的齿轮传动技术,如锥齿轮传动、行星齿轮传动等,这些技术能够进一步降低齿轮传动中的噪声和振动,提高传动的平稳性和可靠性。随着技术的不断进步和应用需求的不断提高,新型的齿轮传动技术和材料也不断涌现。例如,采用新型的高强度材料制造齿轮、开发新型的齿轮热处理工艺、研究新型的润滑剂等都可以进一步提高齿轮传动的性能和使用寿命。同时,随着智能制造技术的发展,齿轮传动的设计和制造过程也更加数字化、智能化,这为提高齿轮传动的性能和使用寿命提供了更多的可能性。

随着环保意识的不断提高和节能减排需求的增加,对于低噪声、低振动的传动需求将更加迫切。因此,进一步研究和开发新型的齿轮传动技术将具有重要的意义。通过不断的技术创新和应用拓展,齿轮传动将在未来的工业领域中发挥更加重要的作用,为推动工业的发展和进步做出更大的贡献。

齿轮传动和蜗杆传动各有其优点和适用范围。在选择时需要根据工作需求、性能要求和使用环境等因素进行综合考虑。在某些需要大减速比和高效率的场合中,蜗杆传动具有独特的优势;而在其他场合中,齿轮传动则更为适用。在实际应用中,应结合具体情况进行选择,以达到最佳的应用效果。

第三节　汽车常用轮系

一、汽车常用轮胎分类

汽车轮系是汽车底盘系统的重要组成部分,根据其功能和位置,可以分为驱动轮系、非驱动轮系和转向轮系等几种类型。每种轮系在汽车行驶过程中发挥着不同的作用,共同协作以实现汽车的行驶、转向和制动等操作。

(一)驱动轮系

根据动力传递方式的不同,驱动轮系可以分为前驱轮系和后驱轮系。前驱轮系是指将发动机的动力传递到前轮,使前轮成为驱动轮的传动方式。而后驱轮系则是将发动机的动力传递到后轮,使后轮成为驱动轮的传动方式。

在汽车设计和制造过程中,选择前驱或后驱作为驱动方式是一个重要的决策。不同的驱动方式会对汽车的驾驶性能、动力性、经济性和安全性等方面产生影响。

前驱轮系的设计相对简单,制造成本较低,因此在经济型轿车中广泛应用。前驱汽车的前轮既负责驱动又负责转向,因此可以减少传动系统的整体重量,提高汽车的燃油经济性。此外,前驱汽车的发动机和传动系统紧凑,有利于提高车内空间的利用率。然而,前驱汽车的发动机和传动系统重量较大,导致车身前部重量较大,影响操控性能。

后驱轮系则具有更好的操控性能和行驶稳定性。由于后驱汽车的发动机和传动系统重量较轻,车身前后重量分布更加均衡,提高了操控稳定性和行驶平顺性。此外,后驱汽车在加速和高速行驶时更加稳定,有利于提高驾驶安全性。但是,后驱轮系的设计相对复杂,制造成本较高,因此多用于中高级轿车和高性能汽车。

除了前驱和后驱外,还有一些汽车采用了四驱系统,即四个车轮都具备驱动能力。四驱系统可以更好地分配动力到各个车轮,提高汽车的越野性能和行驶稳定性。但是,四驱系统的制造成本较高,油耗也相对较大,因此主要应用于越野车和 SUV 等车型。

（二）非驱动轮系

非驱动轮系是汽车底盘中的重要组成部分,它虽然不直接参与动力传递,但却在支撑车身、减震和导向方面发挥着至关重要的作用。非驱动轮系通常包括转向节、悬挂系统和车轮等部件,这些部件协同工作,确保汽车在行驶过程中的稳定性和舒适性。

转向节是非驱动轮系中的关键部件,它承载着汽车的重量,并且将轮胎与车身连接在一起。转向节的设计必须非常坚固和耐用,以确保在各种行驶条件下都能稳定工作。同时,转向节还需要具备一定的灵活性,以便于实现车轮的转向运动。悬挂系统则连接着车身和转向节,起到缓冲和减震的作用。悬挂系统能够吸收路面不平整引起的冲击,提高乘坐舒适性。不同的悬挂形式会对汽车的驾驶性能产生影响,因此需要根据车型和使用需求选择合适的悬挂系统。

车轮作为直接与路面接触的部件,对于汽车的行驶稳定性起着至关重要的作用。车轮的设计必须具备一定的刚度和耐磨性,以确保在长时间使用中不易变形或损坏。同时,车轮还需要具备良好的散热性能和抗滑性能,以应对不同天气和路况下的行驶需求。

除了以上主要部件外,非驱动轮系还包括一些辅助部件,如平衡块、轮胎气压表、轮毂罩等。这些部件虽然不是必需的,但却能够提高汽车的行驶稳定性和舒适性。例如,平衡块可以平衡车轮的动平衡,减少振动和噪声;轮胎气压表可以方便地监测轮胎气压,确保安全行驶;轮毂罩则可以美化汽车外观,提高整体视觉效果。

（三）转向轮系

前轮转向:前轮转向是指汽车的转向操作通过前轮实现。前轮通过转向节与车身连接,驾驶员通过方向盘操纵转向节,使前轮产生角度变化,进而改变车辆的行驶方向。前轮转向具有结构简单、制造成本低、操作方便等优点,被广泛应用于各类汽车中。

后轮转向:后轮转向是指汽车的转向操作通过后轮实现。后轮通过特殊的后悬挂系统与车身连接,驾驶员通过方向盘或其他控制系统操纵后悬挂系统,使后轮产生角度变化,进而改变车辆的行驶方向。后轮转向可以增加车辆的操控性和稳定性,提高驾驶员的驾驶体验,但同时也增加车辆的成本和复杂性。

二、汽车常用轮系的组成与特点

(一)轮胎的类型与材料

轮胎,作为汽车的重要配件,是汽车与路面直接接触的部件。它承载着车身的重量,吸收路面的冲击力,传递驱动力和制动力,对于汽车的行驶性能和安全性起到了至关重要的作用。

轮胎的结构和材料是影响其性能的关键因素。轮胎的结构设计需要充分考虑汽车的行驶需求,如行驶速度、承载重量、耐久性等。而轮胎的材料,包括胎面材料、胎体材料等,也会对轮胎的性能产生影响。

1. 充气轮胎和实心轮胎

充气轮胎是目前最为常见的轮胎类型,它利用气体的压力支撑车身重量,同时吸收路面的冲击力。充气轮胎又可以分为有内胎轮胎和无内胎轮胎。有内胎轮胎的内壁上附着一层橡胶密封层,可以保证轮胎内的气体不泄漏;而无内胎轮胎则没有内胎,其密封层是直接在轮辋上密封的。

实心轮胎内部没有充气,而是由橡胶或其他材料填充而成。由于实心轮胎没有充气,所以它无法吸收路面冲击力,而且其行驶性能也相对较差。但是,实心轮胎的优点在于其结构简单、不易损坏、不易漏气,因此在一些特殊场合,如农业机械、工地用车等,实心轮胎仍有一定的应用。

2. 轮胎的材料

胎面材料是轮胎与路面直接接触的部分,它需要具备良好的耐磨性、抗滑性和耐热性等性能。常见的胎面材料有天然橡胶和合成橡胶,其中合成橡胶的耐磨性和抗滑性更好。

胎体材料是轮胎的主体部分,它需要承受车身重量和行驶过程中的各种应力。胎体材料通常由多种材料组成,如纤维、钢丝、尼龙等。这些材料的选用和配比都会影响到轮胎的强度、韧性和耐久性等性能。另外,轮胎的花纹也会对轮胎的性能产生影响。花纹的设计可以改变轮胎与路面之间的摩擦系数,从而提高轮胎的抗滑性和排水性能。不同的花纹适合不同的行驶环境和气候条件,因此选用适合的花纹对于保证汽车的行驶安全和提高行驶性能非常重要。为了提高汽车的使用效果和安全性,车主应该选择优质的轮胎并定期进行更换和维护。同时,汽车制造商也在不断改进轮胎的设计和材料,以提高轮胎的性能和满足不同行驶需求。未来,随着科技的不断进步和应用,相信轮胎的性能会得到进一步提升,为汽车的行驶提供更好的保障。

(二)悬挂系统

悬挂系统是汽车的重要组成部分,它连接着车轮与车身,起到缓冲、减震和保持车轮定位的作用。悬挂系统能够有效地吸收路面不平带来的冲击力,提高乘坐舒适性,同时还能保证车辆行驶的稳定性。因此,悬挂系统的设计对汽车的行驶性能和舒适性具有至关重要的作用。

1.悬挂系统的构成

悬挂系统由悬挂弹簧、减震器、导向机构和车轮等组成。悬挂弹簧主要负责支撑车身重量,减震器则起到减缓路面冲击的作用,导向机构控制车轮的定位和运动轨迹,而车轮则直接与路面接触。这些组成部分相互协作,共同完成悬挂系统的功能。

2.悬挂系统的设计

在悬挂系统的设计过程中,需要综合考虑多种因素。首先,悬挂系统的设计要保证车辆行驶的稳定性。悬挂弹簧和减震器的选择和设计要能够吸收路面不平带来的冲击力,减小车身振动,提高行驶平稳性。其次,悬挂系统的设计也要考虑到乘坐舒适性。良好的悬挂系统能够减小路面颠簸对乘客的影响,提高乘坐舒适度。此外,悬挂系统的设计还需要考虑操控性能。合适的悬挂系统可以保证车轮的定位准确,提高车辆操控性能,使驾驶员能够更好地控制车辆。

3.悬挂系统的特点

不同类型的悬挂系统具有不同的特点和应用范围。常见的悬挂系统包括独立悬挂和非独立悬挂两种类型。独立悬挂的车轮与车身通过悬挂弹簧和减震器等部件相互独立,这种悬挂系统可以减小对车身的冲击和振动,提高行驶平稳性和操控性能。非独立悬挂的车轮与车身直接相连,结构相对简单,但是对车身的支撑不够稳定,容易产生振动和颠簸。

除了独立悬挂和非独立悬挂两种类型外,还有一些其他的悬挂系统类型,如半独立悬挂、主动悬挂等。半独立悬挂结合了独立悬挂和非独立悬挂的特点,既有较好的平稳性和操控性能,又具有一定的稳定性。主动悬挂则通过传感器实时监测车身振动和路况等信息,通过自动调节悬挂弹簧和减震器的参数来减小冲击和振动,提高乘坐舒适性和行驶稳定性。

(三)车轮定位参数

车轮定位参数是指车轮与车身之间的相对位置关系,包括主销后倾角、主销内倾角、车轮外倾角和车轮束角等。

1. 主销后倾角

主销后倾角是指主销轴线在水平面向后倾斜的角度,这个角度可以增加车轮转向的稳定性,提高抗侧风的能力,但过大的后倾角可能导致转向沉重。

2. 主销内倾角

主销内倾角是指主销轴线在垂直面向内倾斜的角度,它可以减少方向盘的自由行程,使车辆在转向时更加灵活,但也可能会影响转向的稳定性。

3. 车轮外倾角

车轮外倾角是指车轮平面与地面之间的角度,通常是为了补偿车辆行驶过程中由于轮胎磨损和道路状况变化导致的方向盘偏移。适当的外倾角可以提高车辆的操控性和行驶稳定性,但过大的外倾角会导致轮胎磨损加速。

4. 车轮束角

车轮束角是指车轮在水平面内的旋转角度,适当的束角可以减小车辆在转向时的侧滑趋势,提高行驶安全性。

这些车轮定位参数的设定对于车辆的行驶性能和操控性具有重要影响。如果这些参数设定不当,可能会导致车辆行驶不稳定、操控性能下降、轮胎磨损加速等问题。因此,为了确保车辆的正常行驶和安全性,需要对这些参数进行定期的调整和校准。

在进行车轮定位参数的调整时,需要使用专业的检测设备和工具,根据车辆制造商提供的标准参数进行调整。同时,驾驶员也应该注意自己的驾驶习惯,避免在行驶过程中过度转向或者急加速等行为,以免对车辆的行驶性能和安全性造成不良影响。

(四)驱动与传动系统

驱动与传动系统是汽车至关重要的组成部分,它的主要功能是将发动机的动力有效地传递至车轮,使汽车得以行驶。根据动力传递方式的不同,驱动与传动系统可以分为多种类型,每一种类型都有其独特的特点和应用范围。

1. 机械传动系统

机械传动系统是汽车中最常用的驱动与传动系统类型。它通过一系列的机械部件,如离合器、变速器、传动轴等,将发动机的动力传递至驱动轮。机械传动系统的结构相对简单,可靠性高,成本也相对较低。在汽车行驶过程中,机械传动系统能够实现动力的平稳传递,同时也能够承受较大的载荷。

2. 液压传动系统

液压传动系统利用液压油的传递特性来实现动力的传递。液压传动系统具有较大的传动比,能够实现无级变速,因此在一些特殊类型的车辆中得到了广泛应用,如挖掘机、起重机等。液压传动系统的优点是能够实现大扭矩的传递和精确的操控,但它的结构相对复杂,维护成本也较高。

3. 气压传动系统

气压传动系统利用压缩空气来传递动力。气压传动系统具有结构简单、工作介质不发热等特点,因此在某些特定场合中得到了应用,如矿用车辆、气垫船等。气压传动系统的优点是能够在高温、潮湿等恶劣环境下工作,但它的传递效率相对较低,需要消耗大量的压缩空气。

4. 电力传动系统

电力传动系统利用电能来实现动力的传递。电力传动系统可以分为直流电力传动系统和交流电力传动系统两种类型。电力传动系统的优点是能够实现动力的无级变速、调节和精确控制,同时对环境的污染较小。但它的能量转换效率相对较低,需要大量的电能来维持运转。

（五）制动系统

制动器分为盘式制动器和鼓式制动器,制动控制系统分为机械控制系统和液压控制系统等。制动系统的性能对汽车的行驶安全性和稳定性具有重要影响。制动力矩的大小、制动距离的长短以及制动时的方向稳定性等都是评价制动系统性能的重要指标。

汽车常用轮系由轮胎、悬挂系统、车轮定位参数、驱动与传动系统和制动系统等组成。这些组成部分具有各自的特点和应用范围,共同协作以实现汽车的行驶、转向和制动等操作。不同类型的轮系具有不同的特点和应用范围,了解和掌握汽车常用轮系的组成与特点有助于更好地理解汽车底盘系统的运作原理和性能特点,对于汽车设计、制造以及维修保养都具有重要意义。同时,合理地调整和维护轮系各部件,可以有效地提高汽车的行驶性能和安全性,延长汽车的使用寿命。

三、汽车常用轮系的工作原理与应用

(一)驱动轮系的工作原理与应用

驱动轮系主要由传动轴、离合器、变速器和驱动轴等组成。这些部件相互协作,共同完成动力从发动机到车轮的传递过程。

1. 传动轴

传动轴是连接发动机和变速器的重要部件,它将发动机的动力传递至变速器。同时,传动轴还能够吸收和缓解来自路面的冲击和振动,保证动力传递的平稳性。

2. 变速器

变速器是用来改变发动机输出转速和扭矩的部件,通过调整变速器的档位,可以改变传递至驱动轮的动力大小和转速。变速器分为手动变速器和自动变速器两种类型,手动变速器需要驾驶员操作换挡杆来选择合适的挡位,而自动变速器则能够根据车辆的行驶状况自动选择合适的挡位。

3. 驱动轴

驱动轴是将变速器的动力传递至车轮的重要部件。它通过万向节等连接件与车轮相连,将动力传递至车轮,驱动汽车行驶。

4. 离合器

离合器位于发动机和变速器之间,其主要功能是控制发动机与变速器之间的动力接合和分离。当发动机运转时,动力通过曲轴和飞轮传递至离合器。驾驶员通过操作离合器踏板控制离合器的接合和分离。当驾驶员踩下离合器踏板时,离合器分离,发动机的动力不再传递给变速器,从而实现车辆的起步、换挡等操作。当离合器接合时,发动机的动力通过离合器传递至变速器。在变速器中,通过选择不同的齿轮组合来改变动力的输出转速和扭矩。然后,动力通过传动轴传递至驱动轴,最终驱动车轮旋转。

驱动轮系广泛应用于各类汽车中,尤其是需要良好牵引性能和行驶稳定性的车辆,如货车、客车和运动型汽车等。在货车和客车中,由于需要承载较大的重量和乘客数量,因此需要具备较强的牵引性能和稳定性。在这些车辆中采用高效的驱动轮系设计能够提高牵引力和稳定性,确保车辆在各种路况下都能够稳定行驶。在运动型汽车中,为了追求更高的加速性能和操控性能,也需要采用高性能的驱动轮系设计。这些设计通常包括轻量化部件、高性能离合器和变速器等配置,以提高动力传递效率和响应速度。同时,在选择和使用驱动轮系时也应根据实际情况进行合理选择和优化配置以保证汽车的良好性能和使用寿命。

(二)非驱动轮系的工作原理与应用

非驱动轮系在汽车中扮演着重要的角色,虽然它并不直接参与动力的传递,但它对于汽车的行驶稳定性、操控性和舒适性都有着至关重要的影响。非驱动轮系主要由悬挂系统、转向节和车轮等组成。

1. 悬挂系统

悬挂系统是非驱动轮系中的重要组成部分,它连接车轮与车身,主要承受车身重量和吸收路面冲击力。悬挂系统由弹簧、减震器和导向机构等组成,它的设计直接影响着汽车的行驶性能和舒适性。弹簧是悬挂系统中用来承受车身重量的部件,它能够将车轮与车身连接在一起。弹簧的刚度和阻尼特性对汽车的行驶稳定性和舒适性有着重要影响。减震器是用来吸收路面冲击力的部件,它能够减小车身的振动和颠簸感,提高乘坐舒适性。减震器的性能对汽车的操控性和行驶稳定性也有着重要影响。导向机构是用来控制车轮的运动轨迹的部件,它能够使车轮按照预定的轨迹运动,确保汽车的操控性能和行驶稳定性。

2. 转向节

转向节是连接转向系统与车轮的部件,通过转向节的转动,可以实现汽车的转向操作。转向节的结构和强度对汽车的操控性能和行驶稳定性有着重要影响。

3. 车轮

车轮是非驱动轮系中的基础部件,它直接与路面接触,承受着汽车的重量和行驶时的各种力。车轮的设计和性能对汽车的行驶稳定性和操控性能有着重要影响。非驱动轮系在汽车中起着至关重要的作用。首先,它能够提供良好的乘坐舒适性。通过合理的悬挂系统设计和减震器调校,可以有效地吸收路面冲击力,减小振动和颠簸感,从而提高乘坐舒适性。其次,非驱动轮系可以提高汽车的操控性能。通过精确的转向节设计和车轮调校,可以确保汽车按照驾驶员的意图进行运动,提高操控性能和行驶稳定性。此外,非驱动轮系还可以提高汽车的行驶稳定性。通过合理的悬挂系统设计和导向机构的精确调校,可以确保汽车在各种路况下都能够稳定行驶,提高行驶安全性。

(三)转向轮系的工作原理与应用

转向轮系是汽车中实现转向功能的轮系,包括前轮转向和后轮转向两种类型。转向轮系的设计和性能对汽车的操控性和稳定性有着至关重要的影响,可以提高驾驶员的驾驶体验和行驶安全性。在汽车设计和制造过程中,应对转向轮系进行严格的测试和优化配置以保证汽车的良好性能和使用寿命。同时,驾驶员也应根据驾驶场景选择合适的驾驶模式和操控方式,以充分利用汽车的性能并确保行驶安全。

1. 前轮转向

前轮转向机构由转向轴、转向节和转向器等组成。当驾驶员转动方向盘时,转向器将转动转化为转向轴的线性运动,驱动转向节产生角度变化,从而使前轮偏转,实现车辆的转向。前轮转向机构的设计对汽车的操控性和稳定性有着重要影响。例如,转向比的调整可以影响车辆的灵敏度和稳定性。较小的转向比可以使车辆更加灵活,适用于需要快速响应的驾驶场景,如停车或小角度转弯;较大的转向比可以使车辆更加稳定,适用于高速行驶或需要精确控制行驶方向的驾驶场景。

2. 后轮转向

后轮转向是通过后悬挂系统操纵后轮,使后轮产生角度变化,进而改变车辆的行驶方向。后轮转向机构由后悬挂系统、连杆机构和执行机构等组成。当驾驶员转动方向盘或执行其他转向指令时,后悬挂系统的连杆机构将转动转化为后轮的角度变化,实现车辆的后轮转向。后轮转向可以提高汽车的操控性和稳定性,尤其在高速行驶和操控性要求较高的车辆中应用较为广泛。相比于前轮转向,后轮转向可以更好地利用地面附着力,提高车辆的牵引力和行驶稳定性。在高速行驶时,后轮转向可以使车辆更加稳定,减少侧滑和甩尾的风险。在操控性要求较高的驾驶场景中,后轮转向可以提高车辆的灵敏度和响应速度,使驾驶员能够更好地掌控车辆的行驶轨迹。

此外,后轮转向还可以提高车辆的行驶安全性。例如,在紧急制动时,后轮转向可以使车辆更加稳定,减少制动距离和制动时的失控风险。在弯道行驶时,后轮转向可以减小车辆的内轮差和外轮差,提高驾驶员对弯道的掌控能力,减少弯道事故的风险。

(四)制动系统的工作原理与应用

制动系统是用于减速或停车的系统,由制动器和制动控制系统组成。当驾驶员踩下制动踏板时,制动控制系统会通过液压或气压等传动方式将制动器中的制动蹄片推向制动盘,产生摩擦力矩,使车轮减速或停车。制动系统对于保证汽车行驶安全具有重要作用。它可以在紧急情况下快速减速或停车,防止交通事故的发生。制动系统广泛应用于各类汽车中,包括轿车、货车、客车等。

四、汽车常用轮系的维护与保养

汽车轮系作为汽车底盘系统的重要组成部分,其维护与保养对于保持汽车行驶性能和安全性具有重要意义。本部分内容将详细介绍汽车常用轮系的维护与保养,帮助读者了解如何延长汽车的使用寿命和保持良好的行驶性能。

(一)轮胎的维护与保养

轮胎是汽车的重要组成部分,作为汽车与路面直接接触的部件,其性能对汽车的行驶性能和安全性具有重要的影响。因此,对轮胎的维护与保养是每位车主都必须重视的工作。保持轮胎在规定的气压范围内是至关重要的。过高或过低的轮胎气压都可能导致轮胎损坏或影响行驶稳定性。如果轮胎气压过高,会增加轮胎与路面的接触面积,增加油耗,同时使高速行驶时方向盘变得沉重,影响驾驶稳定性。如果轮胎气压过低,会导致轮胎变形增大,增加轮胎的摩擦力和温度,加速轮胎磨损,甚至引发爆胎事故。因此,车主应该定期检查轮胎气压,至少每月一次,特别是在长途行驶前和夏季高温时更应重视。

为了平衡轮胎磨损并延长使用寿命,定期进行轮胎换位是必要的。一般而言,轮胎换位应按照汽车制造商的推荐进行。在轮胎换位时,需要注意轮胎的旋转方向和车轮定位参数,以确保轮胎与轮毂的配合完好。此外,在轮胎换位后,应对车辆进行四轮定位,以确保车辆行驶的稳定性和安全性。为了保持轮胎外观整洁和延长使用寿命,车主应该定期清洗轮胎表面。清洗时应注意不要使用油性或蜡性清洁剂,因为这些清洁剂可能会残留在轮胎表面,加速轮胎的老化和磨损。在清洗干净后,应将轮胎擦干,避免水汽残留导致生锈和腐蚀。此外,为了防止轮胎老化,车主还应注意避免将车辆长时间停放在阳光下或高温环境中。

在行驶过程中,车主应该时刻关注轮胎的状况,如发现轮胎有鼓包、裂纹或严重磨损等情况,应及时更换轮胎,以确保行驶安全。如果发现轮胎漏气或被钉子等异物扎破,应尽快停车检查并更换备胎或寻求专业维修服务。对轮胎的维护与保养是每位车主都必须重视的工作。车主应该定期检查气压、进行轮胎换位、清洗与护理以及关注异常情况处理等方面的工作,以确保轮胎的正常使用和行驶安全。除了以上提到的方面外,车主还应注意合理使用刹车系统、保持车速稳定、避免急加速和急刹车等驾驶习惯,以减少对轮胎的磨损和损坏。通过合理的维护和保养措施,可以延长轮胎的使用寿命,提高汽车的行驶性能和安全性。

(二)悬挂系统的维护与保养

悬挂系统的性能直接影响着汽车的行驶稳定性和乘坐舒适性。因此,对悬挂系统的维护与保养同样非常重要。对悬挂系统的检查应定期进行,至少每月一次。检查的内容包括悬挂系统各部件的紧固情况、橡胶衬套的老化程度以及减震器的性能等。如果发现部件松动或衬套老化严重,应及时紧固或更换。减震器的性能下降会导致车辆行驶颠簸,影响乘坐舒适性,因此一旦发现减震器性能下降,应及时维修或更换。悬挂系统部件的清洁和防锈是保养的重要环节。由于悬挂系统长时间暴露在空气中,容易积累灰尘和污垢,这些污垢会加速部件的腐蚀和老化。因此,车主应定期清洁悬挂系统部件,并使用防锈剂进行防锈处理,以延长部件的使用寿命。

1. 润滑对于悬挂系统的正常运转至关重要

悬挂系统中的轴承、销轴等部件需要定期润滑,以减少摩擦和磨损。车主应按照汽车制造商的推荐使用适当的润滑剂进行润滑,并注意不要过量,以免造成部件的腐蚀和卡滞。悬挂系统中的一些部件是有寿命限制的,例如橡胶衬套和减震器等。随着使用时间的增加,这些部件会逐渐老化,性能下降。因此,车主应定期更换这些易损件,以保证悬挂系统的正常运转。更换时应注意选择质量可靠的原厂配件,以保证性能和安全性。

2. 对悬挂系统的维护与保养是保持汽车行驶稳定性和乘坐舒适性的关键

车主应定期检查、清洁、润滑以及更换易损件等方面的工作,以延长悬挂系统的使用寿命。通过合理的保养措施,可以保证悬挂系统始终处于良好的工作状态,从而提高汽车的行驶性能和安全性。此外,车主还应注意驾驶习惯对悬挂系统的影响。避免急加速、急刹车和高速行驶等情况的发生,可以减少悬挂系统承受的冲击和负荷,从而降低损坏的风险。对悬挂系统的维护与保养是保持汽车行驶性能和安全性的重要环节。车主应重视悬挂系统的保养工作,定期进行检查、清洁、润滑和更换易损件等方面的工作。通过合理的保养措施,可以延长悬挂系统的使用寿命,提高汽车的行驶性能和安全性,为驾驶者提供更加舒适和安全的驾驶体验。

(三)车轮定位参数的调整

车轮定位参数的调整是汽车维护和保养中一项至关重要的工作。它涉及车辆的操控性、稳定性、轮胎磨损以及安全性等方面。如果车轮定位参数不正确,会导致车辆行驶时产生偏移、抖动、轮胎磨损不均匀等问题,严重时甚至可能引发交通事故。

在进行车轮定位参数调整之前,需要做好充分的准备工作。首先,要确保车辆处于水平状态,以避免重力对测量结果的影响。其次,要检查车轮轮胎的气压是否正常,以及车辆负载是否合理。这些因素都会对车轮定位参数的测量结果产生影响。最后,需要选择专业的测量设备和技术人员进行测量和调整,以确保结果的准确性和可靠性。

1. 主销后倾角和主销内倾角的测量与调整

主销后倾角和主销内倾角是影响车辆操控性和稳定性的重要参数。通过专业的测量设备可以准确地测量出这两个参数的值。如果发现参数不正确,可以通过调整悬挂系统的相关部件来进行调整,例如调整悬挂臂的长度或角度等。

2. 车轮外倾角的测量与调整

车轮外倾角是指车轮相对于垂直线的倾斜角度。正确的车轮外倾角可以提高车辆的操控性和稳定性。如果发现车轮外倾角不正确,可以通过调整悬挂系统的相关部件来进行调整,例如调整减震器的角度或更换不同规格的衬套等。

3. 前束的测量与调整

前束是指车辆前轮之间的距离与后轮之间的距离之差。正确的前束设置可以确保车辆在直线行驶时的稳定性,并减少轮胎磨损。如果发现前束不正确,可以通过调整转向节或转向拉杆的长度来进行调整。

在完成车轮定位参数的调整后,需要进行详细的检查和测试,以确保调整结果的准确性和可靠性。首先,要检查各个部件的紧固情况,确保没有松动或异常磨损。其次,要进行路试,观察车辆在行驶过程中的操控性、稳定性和轮胎磨损情况。如果发现任何问题,应及时进行调整和修复。

车轮定位参数的调整是汽车维护和保养中一项重要的工作。正确的车轮定位参数可以确保车辆在各种行驶条件下保持稳定的操控性能,减少轮胎磨损,并提高行驶安全性。车主应定期检查和调整车轮定位参数,并选择专业的维修店或汽车制造商指定的维修点进行保养和维修,以确保车辆的行驶安全和性能稳定。

(四)制动系统的维护与保养

制动系统是汽车中至关重要的安全系统,它负责在车辆行驶过程中减速、停车和保持车辆稳定。制动系统的性能直接关系到驾驶安全。因此,对制动系统的维护与保养非常重要。

1. 定期检查制动系统是保持其良好性能的关键

检查的内容包括制动液的液位、制动管路的密封性、制动摩擦片的磨损程度以及制动盘的磨损情况等。制动液的液位应保持在规定的范围内。如果制动液的液位过低,可能会导致制动效果减弱,影响行车安全。因此,车主应定期检查制动液的液位,并及时补充。制动管路如果出现泄漏,会影响制动系统的正常工作。车主应检查制动管路的密封性,如发现泄漏应及时修复。制动摩擦片是制动系统中易损件之一,需要定期检查其磨损程度。如果制动摩擦片磨损严重,应及时更换,以保证制动系统的正常工作。

2. 制动盘的磨损情况也会影响制动的性能

车主应定期检查制动盘的磨损情况,如发现异常应及时修复或更换。制动系统中的制动液容易吸收水分和空气中的污垢,导致制动性能下降。因此,车主应定期清洁制动系统,保持其清洁和干燥。在清洁时,应注意不要使用腐蚀性的清洁剂,以免对制动系统部件造成损坏。

3. 定期对制动系统进行调整

随着制动系统的使用,其部件可能会发生磨损和变形,导致制动力减弱或制动距离增加。因此,车主应定期对制动系统进行调整,以保证其良好的制动性能。

调整的内容包括制动踏板的自由行程、制动间隙等。在调整时,应使用专用的工具和设备,按照汽车制造商的推荐进行调整。制动系统中一些部件是有寿命限制的,例如制动摩擦片和制动液等。车主应按照制造商的建议定期更换这些易损件,以保证制动系统的正常运转。在更换时,应选择质量可靠的原厂配件,以保证性能和安全性。

4. 驾驶习惯对制动系统的影响

避免频繁刹车和急刹车等情况的发生,可以减少制动系统承受的负荷和摩擦力,从而降低损坏的风险。同时,保持良好的驾驶习惯也有助于节省燃油和减少排放,实现更加经济和环保的驾驶。在进行制动系统保养时,车主应选择专业的维修店或汽车制造商指定的维修点进行保养和维修,这样可以确保制动系统得到正确的维护和保养,避免因操作不当或使用了不合适的配件而引发安全问题。同时,车主也应了解自己的车辆制动系统的特点和保养要求,以便更好地进行日常维护和保养工作。

(五)轮系的日常保养与注意事项

轮系,作为汽车的重要组成部分,是与路面直接接触的部件,承受着车辆的全部重量以及行驶过程中的各种冲击和摩擦力。因此,对轮系的日常保养与维护至关重要,它不仅关系到汽车的行驶性能,还直接关系到驾驶安全。本部分内容将详细介绍轮系的日常保养注意事项,以帮助车主更好地维护自己的爱车。

1. 轮胎

轮胎是最易磨损的部件,需要定期检查其磨损情况。车主应每月至少检查一次轮胎的花纹深度,确保它们不低于法定最低限值。同时,要注意轮胎是否有不均匀磨损、裂纹或鼓包等现象,这些都可能是车辆出现定位或悬挂系统问题的信号。一旦发现轮胎磨损严重或存在安全隐患,应及时更换。保持正确的轮胎气压对于轮胎的寿命和汽车的行驶性能至关重要。车主应每月检查一次轮胎气压,或在长途行驶前进行检查,确保轮胎气压符合汽车制造商的推荐值。过高或过低的轮胎气压都会影响轮胎的磨损和操控性能。

2. 轮毂

轮毂是连接轮胎和车辆的重要部件,它的完好直接影响到行驶安全。车主应定期清洁轮毂,去除附着的泥土和刹车粉尘,以保持其外观整洁并防止腐蚀。同时,要检查轮毂是否有变形、裂纹或紧固螺栓松动等情况,发现问题应及时修复。车轮轴承承受着车辆的全部重量以及行驶过程中的冲击和振动,因此需要定期润滑以减少磨损。车主应按照汽车制造商的推荐定期为轴承加注润滑脂,并保持轴承的密封性良好。如果发现轴承有异响或转动不灵活等情况,应及时更换。

在更换轮胎时,车主应选择与原车轮胎规格相同、品牌相同或相近的轮胎,以确保车辆的性能和安全性。不同品牌和规格的轮胎可能存在差异,混用可能导致操控性能下降和安全隐患。

驾驶习惯对轮系的磨损有重要影响。车主应避免急加速、急刹车和急转弯等行为,以减少轮胎和轮毂的磨损。同时,在行驶过程中要注意避开路面上的障碍物和坑洼,以保护轮系免受不必要的损伤。四轮定位是调整车辆悬挂系统参数的过程,它可以确保车轮与车身之间的正确相对位置,提高操控性能和行驶稳定性。车主应按照汽车制造商的推荐定期进行四轮定位检查与调整。

在驾驶过程中,车主应留意轮系出现的异常现象,如异响、抖动、跑偏等。这些现象可能是轮系故障的前兆,一旦发现应及时进行检查和维修。对轮系的日常保养与维护是保障汽车行驶安全和性能稳定的关键环节。车主应重视轮胎的保养工作,定期进行检查、清洁、调整和更换等工作,并注意选择合适的轮胎、保持良好的驾驶习惯以及定期进行四轮定位等事项。通过正确的保养措施和注意事项的遵守,可以延长轮系的使用寿命并提高汽车的行驶安全性能。

第六章 液压传动

第一节 液压传动系统的结构及工作原理

液压传动系统在现代机械工程中占有举足轻重的地位,特别是在重型设备、汽车工业和航空航天领域中有着广泛应用。其核心优势在于可以传输大的力量和精确的控制力,从而实现复杂且高精度的操作。

一、液压传动系统的基本组成

(一)液压传动系统的含义

1. 液压传动系统的内涵

液压传动系统是一种利用液体压力能进行能量转换和传递的传动方式,它广泛应用于工业、农业、交通运输等各个领域。液压传动系统通过将液体压力能转换为机械能,实现动力传递和运动控制,具有功率密度高、响应速度快、调速范围广等优点。

在液压传动系统中,液体的工作压力取决于泵的机械压力和管道阻力之间的差值。当液体通过管道时,会受到管道阻力和其他摩擦力的影响,导致压力损失。因此,为了确保系统的正常工作,需要对液压元件进行精确的设计和制造,并选择合适的液压油和密封材料。

2. 液压传动系统的优点

液压传动系统的优点包括功率密度高、响应速度快、调速范围广等。由于液压传动系统的功率输出取决于油液的流量和压力,因此可以通过调节油液的流量和压力来适应不同的工作需求。液压传动系统还具有较大的力矩和推力,可以应用于重型设备和大型机械中。此外,液压传动系统的结构简单、易于维护和维修,也可以在高温、低温、高海拔和高湿度等极端环境下工作。

3. 液压传动系统缺点

首先,液压传动系统中的泄漏和污染问题难以避免,这会影响系统的稳定性和可靠性。其次,液压传动系统的效率较低,能量损失较大,需要消耗更多的能源。最后,液压传动系统的制造成本较高,需要使用高精度和高可靠性的元件。为了克服这些缺点,研究人员不断探索新的技术和材料,以提高液压传动系统的性能和可靠性。例如,采用新型密封材料和密封技术可以减少泄漏和污染问题;采用高效油液和低摩擦元件可以降低能量损失和提高效率;采用高精度加工和检测技术可以提高元件的精度和可靠性。

(二)液压传动系统的组成

液压传动系统包括以下部分:液压传动系统的基本组成部分包括液压泵、液压缸、控制阀和液压油和辅助元件等。

1. 液压泵

液压泵是液压传动系统的核心部件,它通过电动机或发动机驱动,将机械能转换为液体压力能。

2. 液压缸

液压缸是将液体压力能转换为机械能的执行元件,通过活塞的往复运动实现直线或旋转运动。

3. 控制阀

控制阀是液压传动系统中的控制元件,用于调节和控制系统中的液体压力、流量和方向等参数。控制阀通常由阀体、阀芯、弹簧等组成,根据功能和作用原理的不同,控制阀可分为压力控制阀、流量控制阀、方向控制阀等类型。

4. 液压油

液压油是液压传动系统中的工作介质,用于传递压力能。液压油应具有较好的黏温性、较低的凝固点、较高的闪点等特性,以保证系统在不同温度和工作条件下能够正常工作。

5. 辅助元件

辅助元件是液压传动系统中除以上主要元件外的其他组成部分,包括管道、接头、油箱、滤油器、冷却器等。这些辅助元件主要用于连接液压元件、存储液压油、过滤杂质、散热等,以保证系统的正常工作和稳定性。

以上是液压传动系统的主要组成部分,这些元件通过特定的方式组合在一起,实现了液体的压力能转换和传递,从而驱动各种机械设备进行工作。

二、液压传动系统的工作原理

液压传动系统的工作原理基于帕斯卡原理,即密闭容器内的液体在受到等值的作用力时,会在容器内各个方向上产生相等的力。液压传动系统利用这一原理,将液体的压力能转换为机械能,实现动力传递和运动控制。

(一)原动机的动力输入

在液压传动系统中,原动机(如电动机)提供机械能。原动机通过联轴器等传动装置将机械能传递给液压泵。

(二)液压泵的能量转换

液压泵接收到机械能后,将机械能转换为液体的压力能。液压泵由一系列的齿轮、叶片、柱塞等构成的传动装置和密闭容腔组成,当传动装置带动密闭容腔内的液体转动时,液体压力增加,从而实现机械能向压力能的转换。

(三)液压缸的能量输出

高压液体通过管道输送到液压缸。在液压缸内,高压液体推动活塞运动,从而将液体的压力能转换为机械能,驱动负载运动。

(四)控制阀的调节

控制阀用于调节液体的流量和方向,从而控制液压缸的运动速度和方向。控制阀通过改变液体的流量和方向,实现对液压缸运动的精确控制。

(五)工作介质的循环与冷却

液压油作为工作介质,在液压泵、液压缸和各种控制阀之间循环流动。在这个过程中,液压油起到了传递压力能、润滑和冷却的作用。为了保持液压油的性能和延长系统的使用寿命,通常需要定期过滤液压油和冷却液压系统。

三、液压传动的特点及应用

液压传动作为一种传统的传动方式,具有一系列独特的优点,使其在许多领域中得到了广泛应用。下面将详细介绍液压传动的特点及应用。

(一)液压传动的特点

液压传动是一种利用液体压力能进行能量传递的传动方式。相比其他传动方式,液压传动具有一些显著的特点和优势。液压传动能够传递较大的力矩,适用于需要高强度传动的机械系统,如挖掘机、起重机和压路等。通过调节液体的流量,可以方便地调节液压执行机构的运动速度。这一特点使得液压传动在需要调速的场合具有很大的优势。液压传动能够保证较高的传动效率,这有助于降低能耗和减少机械磨损。

1. 较好的减震作用

由于液体具有一定的体积弹性模量,液压传动具有较好的减震作用。此外,液体能够吸收机械振动,提高传动系统的稳定性。液压传动的管道可以灵活布置,使得传动系统的布局更加灵活多样。这为一些特殊应用场合提供了方便。

2. 在高温、低温、高湿度、强辐射等恶劣环境下,液压传动仍然能够正常工作

液压传动与电子技术相结合,能够实现各种自动控制功能,如速度控制、压力控制和方向控制等。这为自动化生产线的实现提供了便利条件。

3. 维护方便

液压元件具有标准化、系列化和通用化的特点,使得液压传动的维护和修理变得相对简单方便。

(二)液压传动的应用

1. 重型设备

在重型设备领域中,如起重机、挖掘机、推土机等,液压传动系统广泛应用于各种机构的动力传递和运动控制,提供了大功率和稳定的动力输出。

2. 汽车工业

在汽车工业中,液压传动系统主要用于实现刹车的精确控制和悬架的调节。此外,在一些特种车辆中,液压传动系统也被用于驱动转向机构和变速器等。

3. 航空航天

在航空航天领域,由于对动力传递和控制系统的要求极为严格,液压传动系统得到了广泛应用。例如,用于驱动飞行器的起落架、襟翼、收放机构等关键

部件。

4. 工业自动化

在工业自动化生产线中,液压传动系统常被用于各种机械手、夹具、模具等的驱动和控制,实现高效、高精度的加工和装配。

5. 农业机械

在农业机械中,如拖拉机、收割机等,液压传动系统用于驱动各种工作装置和执行机构,提高了农业生产的效率和自动化水平。

6. 军事领域

在军事领域中,液压传动系统广泛应用于坦克、装甲车、舰船等武器装备的动力传递和运动控制,保证了武器装备的高效和可靠运行。

7. 其他领域

除了上述应用领域外,液压传动系统还广泛应用于建筑、船舶、铁路、石油化工等行业。在这些行业中,液压传动系统以其稳定可靠的性能和广泛的应用范围,为各行业的生产和发展提供了重要的技术支持。

第二节　液压传动元件

液压传动元件是液压传动系统中的重要组成部分,它们的性能直接影响着整个系统的性能和工作效率。本节将上文提到的一些常见的液压传动元件,包括液压泵、液压缸、控制阀等的工作原理和作用进行详细说明。

一、液压泵

液压泵的种类很多,根据结构和工作原理的不同,可以分为齿轮泵、叶片泵、柱塞泵等类型。

(一)齿轮泵

齿轮泵由两个相互啮合的齿轮组成。当齿轮转动时,啮合的齿之间的容积变化产生吸压效果,从而形成压力差使液体吸入和排出。齿轮泵具有结构简单、体积小、重量轻、价格便宜等优点,但它的流量和压力脉动较大,密封性较差。

（二）叶片泵

叶片泵由转子、叶片、定子和壳体等组成。当转子旋转时，叶片在离心力的作用下甩出，与壳体内壁接触形成密封，同时将定子分隔成若干个小容积，液体在密封容积减小的情况下被压缩并排出。叶片泵具有流量均匀、压力稳定、运转平稳等优点，但它的噪声较大，对油液的污染较敏感。

（三）柱塞泵

柱塞泵由多个柱塞排列在缸体内，柱塞在缸体内往复运动，通过改变柱塞的行程来改变液体的流量和压力。柱塞泵具有压力高、流量可调、密封性好等优点，但它的结构复杂、价格昂贵。

二、液压缸

液压缸是液压传动系统中的核心执行元件，它的作用是将液体的压力能转换为机械能，从而驱动负载进行直线或旋转运动。液压缸的性能和可靠性直接影响着整个液压系统的正常工作和可靠性。

（一）液压缸的基本工作原理

液压缸的基本工作原理是利用液体的压力作用在活塞上，使活塞产生往复运动，从而实现机械能的输出。在液压系统中，液压油通过液压泵加压后，进入液压缸，推动活塞运动，从而实现动力传递。

（二）液压缸的结构

液压缸主要由缸筒、活塞、活塞杆、密封件和连接件等组成。其中，缸筒是液压缸的主体部分，通常为圆柱形，内部装有活塞和密封件。活塞在缸筒内做往复运动，通过活塞杆将动力传递给负载。密封件用于防止液体泄漏，保证液压缸的正常工作。连接件用于将液压缸固定在机架上或与其他部件连接。

液压缸的工作原理是：当液体从进油口进入液压缸时，推动活塞向一侧运动，从而驱动负载进行直线或旋转运动。当液体从另一侧进油口进入时，活塞向相反方向运动。通过控制液体的流量和压力，可以调节液压缸的运动速度和输出力。

（三）液压缸的特点

结构简单。液压缸的结构相对简单,易于制造和维修。这使得液压缸在各个领域得到了广泛应用。

传动平稳。液压缸能够实现无级调速,传动平稳,冲击小。这使得液压缸在需要高精度和高稳定性的场合具有很大的优势。

承载能力大。液压缸能够承受较大的负载和冲击,适用于各种重载场合。

布局灵活。液压缸可以灵活地布置在机械系统中,适应各种复杂的空间要求。

易于实现自动化控制。液压缸可以与各种控制元件配合使用,实现自动化控制。这使得液压缸在自动化生产线中具有很大的应用潜力。

适应恶劣环境。液压缸能够适应高温、低温、高湿度等恶劣环境,保证在各种复杂工况下的正常工作。

（四）液压缸的结构形式

液压缸的结构形式多样,根据其工作方式的不同可以分为单作用液压缸和双作用液压缸。单作用液压缸只有一个方向上有压力作用,活塞只能在该方向上运动;而双作用液压缸则有两个方向上有压力作用,活塞可以在两个方向上运动。根据其结构特点,液压缸还可以分为柱塞式、活塞式、伸缩式等类型。

（五）液压缸的制造

在设计和制造过程中,液压缸的材料、尺寸、结构和加工精度等方面都需要进行精确的计算和控制。首先,材料的选择对于液压缸的可靠性至关重要。常用的材料包括铸铁、铸钢、不锈钢等,需要根据不同的工作需求选择合适的材料。其次,尺寸和结构的确定也需要经过精密的计算和分析,以确保液压缸在工作过程中具有足够的强度和刚度。最后,加工精度也是影响液压缸性能的重要因素,需要采用高精度的加工设备和工艺来保证。随着技术的不断进步和应用需求的不断提高,液压缸的设计和制造也在不断发展创新。例如,采用新型的高强度材料可以进一步提高液压缸的强度和刚度;采用先进的加工设备和工艺可以进一步提高液压缸的加工精度和表面质量;采用新型的密封材料和密封技术可以进一步减少泄漏和摩擦,提高液压缸的可靠性和效率。此外,为了满足不同的应用需求,研究人员还在不断探索新型的液压缸结构和控制方式。例如,采用组合式液压缸可以同时实现多个方向的直线或旋转运动;采用电液伺服系统可以实现高精度的位置和速度控制;采用智能传感器和控制器可以对液压缸的工作状态进行实时监测和控制。

(六)液压缸的应用领域

工程机械:液压缸是工程机械中最重要的执行元件之一,广泛应用于挖掘机、装载机、压路机等设备中。在这些场合,液压缸能够提供强大的推力和拉力,满足工程机械在各种复杂工况下的需求。

农业机械:在拖拉机、收割机等农业机械中,液压缸也发挥着重要作用。它能够提供稳定的提升力和驱动力,提高农业生产效率。

汽车工业:在汽车工业中,液压缸主要用于刹车系统、悬挂系统和转向系统等关键部位。这些应用能够提高汽车的操控性能和安全性。

航空工业:在航空工业中,液压缸用于驱动飞机的起落架、襟翼和舵面等关键部件。这些应用要求液压缸具有高精度和高可靠性。

其他领域:除了上述领域外,液压缸还广泛应用于冶金、化工、船舶和电力等行业。在这些场合,液压缸能够提供稳定可靠的驱动力和控制力,满足各种复杂工况的需求。

液压缸作为液压传动系统中的重要执行元件,具有结构简单、传动平稳、承载能力大等特点。通过了解液压缸的结构、工作原理和特点,我们可以更好地认识其在各个领域的应用和重要性。随着科技的不断发展,液压缸的设计和制造技术将不断提高,为各个领域的机械系统提供更加高效、可靠的传动解决方案。

(七)液压缸的维护

1. 保持液压缸的清洁

液压缸的清洁度对其性能和寿命有着至关重要的影响。在液压系统中,油液是传递动力和润滑的关键介质,而液压缸则是油液流经的主要通道。如果液压缸内部存在杂质、污垢或金属屑等污染物,这些污染物会随着油液在液压缸内循环,加速液压缸密封件的磨损,甚至堵塞油道,导致液压缸失效。为了保持液压缸的清洁,首先要确保液压系统的油液清洁度。定期更换液压油,并使用过滤器对油液进行过滤,以去除油液中的杂质和金属屑。同时,在液压缸的安装和拆卸过程中,要防止灰尘、水分等外部污染物进入液压缸内部。对于长时间停用的液压缸,应采取防尘措施,避免灰尘在液压缸内部积聚。

2. 定期检查液压缸的密封性能

液压缸的密封性能是其正常工作的关键。如果液压缸的密封件出现磨损、老化或损坏,就会导致液压系统泄漏,降低系统压力,影响液压缸的工作性能。严重的泄漏还会导致液压缸无法正常工作,甚至引发安全事故。为了保持液压缸的密封性能,应定期检查液压缸的密封件。对于磨损严重的密封件,应及时更换。同时,在安装密封件时,要确保其安装正确、紧密,避免出现泄漏。此外,还应定期检查液压缸的连接部位,确保连接紧固、无松动,防止因连接部位松动而导致的泄漏。

3. 合理调整液压缸的工作压力和速度

液压缸的工作压力和速度是影响其性能和寿命的重要因素。如果液压缸的工作压力过高或速度过快,就会加速液压缸的磨损,缩短其使用寿命。反之,如果液压缸的工作压力过低或速度过慢,就会影响其工作效率,甚至无法满足工作要求。为了合理调整液压缸的工作压力和速度,应根据实际工作需要和液压系统的性能要求来确定液压缸的工作压力和速度。同时,在调整过程中,要注意观察液压缸的运行情况,确保其运行平稳、无异常振动和噪声。如果发现液压缸存在异常情况,应及时停机检查,排除故障后再继续使用。

4. 定期润滑液压缸的运动部件

液压缸的运动部件在长时间运行过程中会产生摩擦和磨损。为了减小摩擦、降低磨损、延长使用寿命,需要定期润滑液压缸的运动部件。润滑不仅可以减少摩擦阻力,提高运动部件的灵活性,还可以降低温升、减少噪声和振动。在润滑过程中,应选择适当的润滑剂和润滑方式。根据液压缸的工作环境和运动部件的材料来选择润滑剂,确保其具有良好的润滑性能和抗磨性能。同时,在润滑过程中要注意控制润滑剂的用量和润滑周期,避免过量润滑或润滑不足。

三、控制阀

(一)压力控制阀

压力控制阀用于调节系统的压力,包括溢流阀、减压阀和顺序阀等。溢流阀的作用是防止系统压力过高而损坏元件;减压阀的作用是将系统压力降低到所需的稳定值;顺序阀的作用是控制系统中液体的流动顺序。

(二)流量控制阀

流量控制阀用于调节系统的流量,包括节流阀和调速阀等。节流阀的作用是控制液体的流量;调速阀的作用是通过改变液体的流速来调节执行元件的运动速度。

(三)方向控制阀

方向控制阀用于控制液体的流向,包括单向阀和换向阀等。单向阀的作用是只允许液体向一个方向流动;换向阀的作用是改变液体的流向。

除了以上常见的液压传动元件外,还有一些辅助元件如油箱、滤油器、冷却器等也十分重要。油箱用于存储液压油并提供液压泵吸油的动力;滤油器用于过滤液压油中的杂质和颗粒物,保证系统的正常运转;冷却器用于降低液压油的温度,防止高温对系统造成损害。

第三节   液压基本回路

一、压力控制回路

在液压传动系统中,压力控制回路起着至关重要的作用。这类回路主要负责调节和控制系统中的液体压力,确保系统正常、安全运行。以下是几种常见的压力控制回路及其工作原理。

(一)溢流回路

溢流回路主要用于限制系统的最大压力。当系统压力超过预定值时,溢流阀打开,部分液压油流回油箱,从而降低系统压力。溢流阀一般安装在液压泵的出口处,也可以安装在需要限制压力的其他部位。

(二)减压回路

减压回路用于将系统压力降低到所需的稳定值。减压阀根据需要设定一个较低的压力值,当系统压力超过设定值时,减压阀打开,部分液压油流回油箱,从而保持系统压力稳定在设定值以下。减压回路广泛应用于需要精确控制压力的场合,如夹紧、定位等。

(三)卸荷回路

卸荷回路用于在执行元件不工作时,将液压泵输出的液压油直接流回油箱,从而降低系统的能量消耗。卸荷阀安装在液压泵出口处,通过控制液压泵的进油口和出油口来实现卸荷功能。

(四)背压回路

背压回路用于在执行元件的回程中,提供一定的背压以抵抗外部负载的作用力。背压阀安装在执行元件的回油路上,通过产生一定的阻力来提高执行元件的回程稳定性。

以上是几种常见的压力控制回路,它们各有不同的工作原理和应用场景。在实际应用中,需要根据具体需求选择合适的压力控制回路,并对其进行正确的安装和维护,以保证系统的正常运转和延长使用寿命。此外,随着科技的不断进步和工业自动化的发展,新型的压力控制回路也不断涌现。例如,智能压力控制回路可以通过传感器和控制器实现压力的自动调节和控制,进一步提高系统的智能化和自动化程度。这些新型的压力控制回路将为未来的工业生产和自动化发展提供更加先进和可靠的技术支持。

二、方向控制回路

在液压系统中,起控制执行元件的启动、停止及换向作用的回路,称方向控制回路。方向控制回路有换向回路和锁紧回路。

(一)换向回路

在液压传动系统中,运动部件的换向是一个关键环节,它影响着整个系统的运动特性和控制精度。为了实现运动部件的换向,可以采用各种换向阀。这些换向阀在液压系统中起着重要的作用,能够控制液体的流向,从而驱动运动部件按照预设的方向进行运动。在容积调速的闭式回路中,除了使用换向阀,还可以利用双向变量泵来控制油流的方向。双向变量泵可以通过改变泵的斜盘倾角或者改变柱塞的正反行程来实现油流的双向流动,从而驱动液压缸或液压马达进行换向。这种控制方式具有较高的调节性能和灵活性,可以根据实际需求精确控制液体的流向和流量。

对于双作用液压缸,其换向可以采用二位四通(或五通)及三位四通(或五通)换向阀来进行。这些换向阀具有多个工作通道和位置,可以通过切换阀芯的位置来控制液体的流向和流量,从而实现液压缸的复杂动作和换向。根据实际需要,还可以选择各种不同的控制方式的换向回路,如手动控制、电磁控制、电液控制等,以实现更精确、可靠的控制效果。在选用换向阀时,需要根据具体的应用场合和工况进行选择。例如,在需要快速切换方向的场合,可以选择具有快速切换功能的换向阀;在需要精确控制液体的流向和流量的场合,可以选择具有调节功能的换向阀。此外,还需要考虑系统的压力、流量、温度等参数以及阀的寿命、可靠性和可维护性等因素。除了以上提到的换向方式,还有一些其他的换向方法,如采用比例控制阀、伺服控制阀等高级控制阀来实现精确的换向控制。这些控制阀能够根据输入信号的大小和方向来精确控制液体的流向和流量,从而实现高精度的运动控制。运动部件的换向是液压传动系统中的重要环节,需要综合考虑系统的要求、工况和使用环境等因素来选择合适的换向方式和控制阀。随着科技的不断发展和新技术的应用,运动部件的换向和控制将更加精确、可靠和高效,为各种机械设备的发展和应用提供更好的支持。

(二)锁紧回路

为了满足实际工作需求,液压传动系统需要具备使工作部件在任意位置停留以及在停止工作时防止受力情况下发生移动的功能。这就需要引入一种特殊的液压回路——锁紧回路。锁紧回路的主要作用是使液压缸在任意位置上锁定,并保持稳定,即使在受到外力作用时也能防止位置发生移动。锁紧回路的实现方式有多种,其中一种常见的方式是使用液控单向阀。液控单向阀是一种特殊设计的阀门,其阀芯受到液压力和弹簧力的共同作用。当液压缸的活塞杆侧压力大于弹簧设定压力时,液控单向阀打开,活塞可以向前或向后运动。而当活塞杆侧压力小于弹簧设定压力时,液控单向阀关闭,活塞被锁定在当前的位置。通过这种方式,即使在断电或失去压力的情况下,液控单向阀仍能保持开启状态,使液压缸固定在任意位置。

此外,还可以通过使用具有锁紧功能的换向阀来实现锁紧回路。这种换向阀在阀芯设计中加入了机械锁紧机构,通过改变阀芯的位置,将液压缸的两个油腔相互隔离或连通。当两个油腔相互隔离时,液压缸被锁定在当前的位置;而当两个油腔连通时,液压缸可以自由运动。为了进一步提高液压缸的锁紧性能,还可以采用双作用液控单向阀的锁紧回路。这种锁紧回路由两个液控单向阀组成,分别控制液压缸的两个油腔。通过控制两个液控单向阀的开启和关闭状态,可以实现对液压缸的双向锁紧。这种锁紧回路具有更高的稳定性和可靠性,适用于对定位精度要求较高的场合。

采用 O 型或 M 型机能的三位换向阀,当阀芯处于中位时,液压缸的进出口都被封闭,可以将活塞锁紧,这种锁紧回路由于受到滑阀泄漏的影响,锁紧效果较差。采用液控单向阀的锁紧回路。在液压缸的进、回油路中都串接液控单向阀(又称液压锁)活塞,可以在行程的任何位置锁紧。其锁紧精度只受液压缸内少量的内泄漏影响,因此,锁紧精度较高。

在实际应用中,锁紧回路的应用范围非常广泛。例如,在自动化生产线中,锁紧回路可以用于保持机械手的位置稳定,防止其在加工过程中发生移动;在起重机械中,锁紧回路可以用于保持吊车的平衡和位置稳定;在航空航天领域中,锁紧回路可以用于控制飞机的起落架和襟翼等关键部件的位置。为了确保锁紧回路的正常工作和稳定性,需要采取一系列的措施。首先,要选择合适的液控单向阀或换向阀,确保其能够满足实际工作需求和系统的压力、流量等参数要求。其次,要定期对液控单向阀或换向阀进行检查和维护,确保其正常工作和长期稳定运行。此外,还需要对液压系统进行定期的检测和维护,及时发现和解决潜在的问题。

锁紧回路是液压传动系统中不可或缺的一部分。通过使用液控单向阀、换向阀等元件,可以实现液压缸的稳定锁紧和任意位置停留。这种技术的应用不仅提高了液压系统的稳定性和可靠性,也进一步拓展了液压传动系统的应用范围。随着科技的不断发展,相信未来会有更加先进的锁紧技术问世,为液压传动系统的发展提供更加有力的支持。

三、速度控制回路

速度控制回路在液压传动系统中具有举足轻重的地位,因为速度是液压传动系统的主要输出量之一,直接影响到系统的性能和生产效率。本部分内容将详细介绍速度控制回路的工作原理、类型和应用。

（一）工作原理

速度控制回路在液压传动系统中起着重要的作用,它能够精确地调节执行元件的运动速度。这种回路主要通过改变液压泵或液压马达的输入流量来实现速度调节,从而满足各种不同的工作需求。

1.流量

流量的大小直接决定了执行元件的运动速度。液压泵或液压马达的排量是固定的,因此,要改变流量,需要调节输入液压油的流量。根据流量公式可知,流量与液压泵或液压马达的排量、输入液压油的压力和温度以及负载对执行元件的作用力等因素有关。通过调节这些参数,可以实现对执行元件运动速度的精确控制。

通过改变液压油流经节流阀的流量来调节执行元件的运动速度。这种方式简单、可靠,但效率较低,适用于对速度稳定性要求不高的场合。通过改变液压泵或液压马达的排量来调节执行元件的运动速度。这种方式效率高,但控制系统较为复杂,需要使用变量泵或变量马达。

2.电动机的转速

通过改变电动机的转速来调节液压泵或液压马达的输入流量,从而实现执行元件的速度调节。这种方式精度高,响应速度快,但需要使用复杂的电气控制系统。

速度控制回路在实际应用中具有广泛的应用领域。例如,在自动化生产线中,速度控制回路可以用于精确控制机械手的运动速度;在起重机械中,速度控制回路可以用于调节吊车的升降速度;在农业机械中,速度控制回路可以用于控制拖拉机的行驶速度。

为了确保速度控制回路的正常工作和稳定性,需要采取一系列的措施。首先,要选择合适的液压元件,确保其能够满足实际工作需求和系统的压力、流量等参数要求。其次,要定期对液压系统进行检查和维护,确保其正常工作和长期稳定运行。此外,还需要对液压油的温度和清洁度进行监测和控制,防止油污和杂质对系统造成损害。

（二）类型

1. 节流调速回路

通过改变节流阀或调速阀的开度,来控制通过的流量,从而实现速度的调节。节流阀适用于小流量和精确的速度控制,而调速阀适用于大流量的速度控制。

2. 容积调速回路

通过改变变量液压泵或变量液压马达的排量,实现速度的调节。这种回路效率高,但控制系统较为复杂。

3. 容积节流调速回路

结合了容积调速和节流调速的原理,通过改变液压泵或液压马达的排量和节流阀的开度,实现更精确的速度控制。

（三）应用

速度控制回路是液压传动系统中重要的组成部分,广泛应用于各种机械设备中,如机床、塑料机械、纺织机械等。速度控制回路的主要作用是调节液压执行元件的运动速度,以满足不同机械设备的工作需求。

1. 在机床中,速度控制回路的应用非常广泛

机床的工作台、主轴、刀架等部件的运动都需要精确的速度控制。通过速度控制回路,可以调节液压执行元件的运动速度,从而实现机床部件的快速定位、切削进给、换刀等动作的精确控制。这不仅可以提高加工精度和效率,还可以降低能耗和减少机械磨损。

2. 在塑料机械中,速度控制回路的应用也非常重要

塑料机械通常需要完成高速混合、熔融、注射成型等过程,而这些过程都需要精确的速度控制。通过速度控制回路,可以调节液压执行元件的运动速度,从而实现塑料机械的高速运转和精确控制。

除了在上述机械设备中的应用外,速度控制回路还广泛应用于其他领域,如航空航天、交通运输、农业机械等。在这些领域中,液压传动系统通常是重要的组成部分,而速度控制回路则是实现液压执行元件精确运动的关键。

第七章　汽车常用材料

第一节　金属材料的主要性能

金属材料的主要性能包括使用性能和工艺性能两大类。使用性能是指金属材料在使用过程中所表现出来的力学、物理和化学性能。力学性能对于结构件来说非常关键,它指的是金属在外力作用下所表现出来的性能,反映的是金属材料抵抗外力的能力,故又称机械性能。工艺性能是指金属材料在加工制造过程中所表现出来的性能,反映的是材料接受加工的难易程度,如冲压性能、焊接性能、切削加工性能和铸造性能等。

一般情况下,不同的金属材料具有不同的机械性能,即使同一种金属材料,在不同的条件下其机械性能也是不同的。金属材料机械性能的差异从本质上来说是由其内部构造所决定的,因此,有必要了解金属的内部构造,进而掌握其对金属性能的影响。

一、金属的晶体结构

金属的晶体结构是决定金属性质的基本结构因素之一,它决定了金属的力学、物理和化学性质。金属的晶体结构是指金属原子或分子的排列方式,即它们在固体晶格结构中的排列方式和相互作用。

(一)晶体结构的基本概念

金属的晶体结构,简单来说,就是构成金属的原子或分子的排列方式。这种排列并不是随意的,而是遵循着一定的规律和模式。这些规律和模式使得金属的晶体结构展现出独特的物理和化学性质。

1. 原子或分子的排列方式

在固体晶格结构中,原子或分子的排列具有周期性和规律性。这种规律性排列使得金属原子间的相互作用更为有序,从而形成了一种称为"晶体点阵"的结构。这个晶体点阵是构成金属晶体的基本单元,它决定了金属的各种性质,如硬度、韧性、导电性、导热性等。那么,为什么金属的原子或分子会有这种特殊的排列方式呢?这主要源于原子间的相互作用力,这种力使得原子在空间中按照一定的规律排列。同时,金属的热力学性质、原子间的化学键合以及外部的力场作用都会对其晶体结构产生影响。

2. 金属的晶体结构的分类

金属的晶体结构分类可以根据其原子或分子的排列方式分为不同的类型。其中最常见的是体心立方晶格、面心立方晶格和密排六方晶格。这三种结构各有特点,赋予了它们不同的物理和化学性质。例如,体心立方晶格的金属具有较高的强度和硬度,而面心立方晶格的金属则表现出较好的塑性和韧性。此外,金属的晶体结构还与其合成和加工过程密切相关。在高温或高压条件下,金属的晶体结构会发生转变,这可能会影响其最终的性质和应用。例如,钢铁在高温下容易形成奥氏体结构,而在低温下则容易形成铁素体结构。这两种结构下的钢铁具有不同的机械性能和加工特性。另外,了解金属的晶体结构也有助于科学家们设计和开发新型金属材料。通过对晶体结构的精确控制,可以创造出具有优异性能的新型金属材料,满足各种工业和科技应用的需求。例如,钛合金和铝合金就是通过改变其晶体结构来提高其强度、硬度、耐腐蚀性和轻量化等性能。

3. 实际运用

在实际应用中,工程师们需要根据具体需求选择合适类型的金属材料。例如,对于需要高强度的结构件,如航空航天器和汽车零部件,通常会选用具有体心立方晶格的金属材料,如钢和镍合金;对于需要良好塑性和韧性的场合,如电子产品和医疗器械,通常会选用具有面心立方晶格的金属材料,如铜合金;对于需要轻量化和耐腐蚀性的场合,如船舶和化工设备,通常会选用具有密排六方晶格的金属材料,如镁和锌。

(二)金属的晶体结构分类

1. 体心立方晶格

体心立方晶格,也称为 BCC 晶格,是金属晶体结构的一种类型。在这种晶格结构中,原子或分子的排列形成了一个立方体,其中原子位于立方体的角顶和中心。这种晶格结构的特点是具有较强的方向性,使得金属具有较高的强度和硬度。同时,由于原子间的相互作用较强,体心立方晶格的金属也具有较高的熔点和良好的耐磨性。

在体心立方晶格中,最典型的金属是铁和铬。这两种金属都具有较高的强度和硬度,常用于制造需要承受较大应力的结构和零件,如航空航天器、汽车和机械工业中的零部件。

2. 面心立方晶格

面心立方晶格,也称为 FCC 晶格,是金属晶体结构的另一种类型。晶格结构的特点是具有较好的对称性和饱和性,使得金属具有良好的塑性和韧性。同时,面心立方晶格的金属也具有较低的层错能,不易发生位错运动。

在面心立方晶格中,最典型的金属是铜和金。这两种金属都具有较好的塑性和韧性,易于进行塑性加工和焊接。同时,面心立方晶格的金属也具有良好的导电性和导热性,常用于制造电子设备和精密仪器中的零部件。

3. 密排六方晶格

密排六方晶格是金属晶体结构的第三种类型。在这种晶格结构中,原子或分子的排列形成了一个六方体,其中原子位于六方体的角顶和中心。这种晶格结构的特点是具有较高的对称性和密度,使得金属具有较好的稳定性和耐腐蚀性。同时,密排六方晶格的金属也具有较高的硬度和良好的耐磨性。在密排六方晶格中,最典型的金属是镁和锌。这两种金属都具有较好的稳定性和耐腐蚀性,常用于制造需要承受较大应力和摩擦的零件和工具。

4. 其他晶体结构

除了上述三种常见的晶体结构外,金属还可以形成其他多种晶体结构,如正交晶格、单斜晶格、三方晶格等。这些晶体结构的特点和应用范围各不相同,使得金属具有多样化的性质和应用。

金属的晶体结构分类是决定其性质的重要因素之一。了解不同晶体结构的特点和应用范围,有助于更好地选择和应用这些材料,以满足各种工程和科技领域的实际需求。同时,通过研究新型金属材料的晶体结构,可以进一步拓展其在高科技领域的应用前景,如航空航天、能源、电子信息等。未来随着科技的不断发展,相信会有更多具有优异性能的新型金属材料出现,为我们的生活带来更多的便利和可能性。

二、晶体结构与金属性质的关系

金属的晶体结构与其性质之间存在着密切的联系。金属的晶体结构决定了其原子或分子的排列方式和相互作用,进而影响其力学、物理和化学性质。了解晶体结构与金属性质的关系,有助于更好地利用和调控金属材料的性能,以满足各种实际应用的需求。

(一)力学性质

金属的晶体结构对其力学性质具有显著的影响。不同晶体结构的金属在强度、硬度、塑性和韧性等方面表现出不同的特点。

强度和硬度:体心立方晶格的金属具有较高的强度和硬度,因为其原子排列较为紧密,原子间的相互作用较强。而面心立方晶格的金属则表现出相对较低的强度和硬度,因为其原子排列较为松散,原子间的相互作用较弱。

塑性和韧性:面心立方晶格的金属具有良好的塑性和韧性,易于进行塑性变形。而体心立方晶格的金属则较脆,不易发生塑性变形。这种差异主要是由于不同晶体结构中原子排列的规律性和方向性不同,导致金属在受力时发生的变形机制和断裂行为有所区别。

(二)物理性质

金属的晶体结构对其物理性质也有重要影响,包括导热性、导电性、磁性等。

1. 导热性

金属的导热性与其晶体结构密切相关。面心立方晶格的金属具有较好的导热性,因为其原子排列较为松散,热量传递较容易。而体心立方晶格的金属导热性相对较差,因为其原子排列较为紧密,热量传递受到阻碍。

2. 导电性

金属的导电性也与其晶体结构有关。面心立方晶格的金属具有较好的导电性,因为其电子云分布较为均匀,不易受到散射。而体心立方晶格的金属导电性相对较差,因为其电子云分布较为集中,容易受到散射。

3. 磁性

金属的磁性也与其晶体结构有关。某些晶体结构的金属具有铁磁性或顺磁性,而另一些则不具有磁性。这种差异主要取决于金属内部电子的自旋排列和相互作用。

三、化学性质

金属的晶体结构对其化学性质的影响是一个复杂而又重要的课题。金属的晶体结构决定了其原子间的排列方式和相互作用,进而影响了金属的化学活性、耐腐蚀性、相变行为等多种化学性质。

(一)金属的晶体结构对其化学活性的影响显著

一般来说,金属的化学活性与其原子在晶体中的排列紧密程度有关。金属的晶体结构越紧密,其原子间的相互作用力越强,使得金属更难以与其他物质发生化学反应。相反,金属的晶体结构较为松散,原子间的相互作用力较弱,则其化学活性较高,容易与其他物质发生反应。例如,钠和钾都是活泼金属,但在晶体结构上,钠是体心立方晶体结构,而钾是面心立方晶体结构。由于钾的晶体结构较为松散,使得钾原子更容易与其他原子发生碰撞,因此钾的化学活性较高,反应速度更快。

(二)金属的晶体结构对其耐腐蚀性也有影响

金属的耐腐蚀性与其在氧化还原反应中的稳定性有关。在氧化还原反应中,金属容易失去或获得电子,而其稳定性决定了金属的耐腐蚀能力。金属的晶体结构对其在氧化还原反应中的稳定性有一定的影响。例如,某些具有紧密堆积晶体结构的金属,如铜合金,在氧化还原反应中的稳定性较高,因此具有较好的耐腐蚀性。

(三)金属的晶体结构对其相变行为也有影响

在一定的温度和压力条件下,金属的晶体结构可能会发生变化,这种变化称为相变。金属的相变行为与其晶体结构的稳定性有关。一些金属在高温或高压条件下容易发生相变,这会影响到金属的力学、电学等性质。例如,在某些条件下,钢铁在高温下会发生奥氏体向铁素体的相变,这种相变会影响到钢铁的强度和韧性。

（四）不同晶体结构的金属在化学键合、电子传递等方面也存在差异

这些差异进一步影响了金属的化学性质和物理性质。例如,具有面心立方晶体结构的金属如铜、镍等具有良好的导电性;而具有体心立方晶体结构的金属如钠、钾等其导电性较差。

值得注意的是,除了晶体结构外,金属的其他因素如合金成分、表面状态、应力状态等也会对其化学性质产生影响。例如,合金的化学活性不仅与其组成元素的晶体结构有关,还与其合金成分、热处理条件等因素有关。

第二节　碳钢及合金钢

碳钢和合金钢作为钢铁材料的重要组成部分,其应用范围非常广泛。碳钢是含碳量在 0.25%~2.0% 之间的铁碳合金,而合金钢则是在碳钢的基础上添加了适量的合金元素,以提高其性能。碳钢和合金钢在机械、建筑、化工、航空航天等各个领域中都有广泛的应用。

一、碳钢

碳钢是一种重要的工程材料,由于其优良的力学性能和加工性能,被广泛应用于各种领域。下面将对碳钢的成分、分类、特性和应用进行详细介绍。

（一）碳钢的成分

碳钢是指含碳量在 0.25%~2.0% 之间的铁碳合金。碳钢的化学成分主要包括铁、碳、硅、锰、硫、磷等元素,其中铁元素是主要成分,碳元素是影响碳钢性能的最重要元素。碳在铁中的存在形式有三种:游离态的碳、固溶态的碳和化合态的碳。碳含量越高,钢材的强度和硬度越高,但塑性和韧性会降低。

（二）碳钢的分类

1. 低碳钢

含碳量在 0.25%~0.5% 之间,强度较低,但塑性和韧性较好,主要用于制造要求不高的零件或结构件。

2. 中碳钢

含碳量在 0.5%~0.8% 之间, 强度适中, 有一定的塑性和韧性, 主要用于制造受力较小的零件或结构件。

3. 高碳钢

含碳量在 0.8%~2.0% 之间, 强度高, 但塑性和韧性较差, 主要用于制造要求高硬度和耐磨性的零件, 如刀具、工具等。

(三)碳钢的特性

1. 力学性能

碳钢具有良好的力学性能, 如强度、硬度、耐磨性等。随着碳含量的增加, 碳钢的强度和硬度逐渐提高, 但塑性和韧性会降低。

2. 加工性能

碳钢易于加工和热处理, 可以通过淬火、回火等工艺提高其力学性能。此外, 碳钢还易于焊接和切削加工。

3. 耐腐蚀性

碳钢的耐腐蚀性较差, 容易生锈。为了提高其耐腐蚀性, 需要进行表面处理或涂层。

(四)碳钢的应用

碳钢在制造业、建筑业、汽车工业等领域有着广泛的应用。例如, 低碳钢可以用于制造桥梁、建筑结构的轻型结构件; 中碳钢可以用于制造机械零件或汽车零部件; 高碳钢可以用于制造刀具、工具等耐磨件。

(五)铁碳合金的基本组成

纯铁具有较好的塑性, 但其强度较低, 所以很少用纯铁制造机械零件, 通常使用铁和碳的合金。在铁碳合金中, 根据含碳量的不同分为不同的种类。碳可以与铁组成化合物, 也可以溶解在铁中形成固溶体, 或者形成化合物与固溶体的机械混合物。

二、合金钢

为了满足各种不同的性能要求, 人们会在碳钢的基础上添加适量的合金元素,以获得具有优异性能的合金钢。常见的合金元素包括铬、镍、钨、钒、钛等。这些元素可以单独加入或以不同的组合方式加入碳钢中,以提高其力学性能、耐腐蚀性、耐热性等。

(一)铬系合金钢

铬系合金钢是指在碳钢中添加铬元素的一种合金钢。铬元素可以提高钢的耐腐蚀性和耐热性,因此常用于制造需要承受腐蚀和高温的部件,如化工设备、锅炉部件等。

(二)镍系合金钢

镍系合金钢是指在碳钢中添加镍元素的一种合金钢。镍元素可以提高钢的强度和韧性,因此常用于制造需要承受高负荷的结构件和零件,如航空航天器部件、汽车零部件等。

(三)钨系合金钢

钨系合金钢是指在碳钢中添加钨元素的一种合金钢。钨元素可以提高钢的硬度和耐磨性,因此常用于制造需要承受高摩擦和磨损的部件,如切削工具、矿山机械部件等。

(四)钒系合金钢

钒系合金钢是指在碳钢中添加钒元素的一种合金钢。钒元素可以细化钢的晶粒,提高其强度和韧性,因此常用于制造需要承受冲击的结构件和零件,如桥梁、建筑部件等。

(五)钛系合金钢

钛系合金钢是指在碳钢中添加钛元素的一种合金钢。钛元素可以稳定钢的组织结构,提高其耐腐蚀性和高温性能,因此常用于制造需要承受腐蚀和高温的部件,如化工设备、核反应堆部件等。

除了以上常见的合金元素外,还有其他一些元素也可以加入碳钢中以提高其性能,如锰、钼、磷等。这些元素的加入方式和比例可以根据实际需求进行调整,以获得最佳的性能效果。

第三节 钢的热处理

钢的热处理是钢铁加工中非常重要的一环,它通过控制加热、保温和冷却等工艺条件,改变钢的内部组织结构,从而达到改善其力学性能、物理性能和化学性能的目的。热处理对于充分发挥材料的潜力、提高零件的使用寿命和可靠性具有重要意义。

一、热处理的基本原理

钢的热处理是材料科学和工程中的一项关键技术,它的热处理主要基于三个基本原理:相变、扩散和应力松弛。相变是指钢在加热或冷却过程中,组织结构发生变化的现象。例如,钢在加热时发生奥氏体化,然后在冷却时发生相变,最终得到马氏体或铁素体等组织结构。扩散是指原子在晶格中的迁移现象,这对于钢的合金元素分布和组织均匀化过程至关重要。应力松弛则是通过热处理消除内应力的过程,以减少工件在加工和使用过程中的变形和开裂倾向。这三个原理在钢的热处理过程中起着至关重要的作用,它们共同决定了钢的最终的机械性能和显微组织。

(一)相变

相变是指钢在加热或冷却过程中,组织结构发生变化的现象。这种变化通常涉及原子排列和晶体结构的改变。在钢的热处理过程中,相变的发生可以极大地改变材料的性能。例如,钢在加热时通常会发生奥氏体化,这是一个重要的相变过程。随着温度的升高,钢中的铁素体逐渐转变为奥氏体,这是一个完全的相变,即奥氏体是铁素体的新相,其原子排列和晶体结构都与铁素体不同。在随后的冷却过程中,奥氏体可能会转变为马氏体、铁素体或珠光体等其他组织结构。这些不同的组织结构具有不同的机械性能,因此通过控制相变过程,可以获得所需的机械性能。

(二)扩散

扩散是指原子在晶格中的迁移现象。在钢的热处理过程中,扩散也是一个重要的过程。例如,钢中的合金元素可以通过扩散过程均匀地分布在组织中。扩散过程受到温度和时间的影响,随着温度的升高和时间的延长,扩散速率也会增加。通过扩散过程,可以使得钢中的合金元素分布更加均匀,这对于提高材料的机械性能和稳定性是至关重要的。同时,扩散过程也是一些热处理工艺的基础,如钢的碳氮共渗等。

(三)应力松弛

应力松弛则是通过热处理消除内应力的过程。在钢的加工和使用过程中,由于各种原因(如温度变化、机械加工、焊接等),会产生内应力。这些内应力会导致工件变形和开裂,从而影响其使用寿命和安全性。通过适当的热处理工艺,可以消除或减少内应力,提高工件的稳定性和可靠性。例如,对于焊接结构,通常需要进行消除应力的退火处理,以减少焊接过程中的残余应力和变形。此外,一些具有较大内应力的工件,如铸件和锻件,也需要进行消除应力的热处理工艺。相变、扩散和应力松弛是钢的热处理过程中的三个基本原理。通过深入了解这些原理,可以更好地控制热处理过程,获得所需的机械性能和显微组织,这对于提高钢的性能和使用寿命具有重要意义。同时,随着科技的不断进步和新型材料的出现,热处理技术也在不断发展。

二、热处理的基本工艺

热处理是钢铁材料制备过程中的重要环节,通过控制加热、保温和冷却等工艺参数,可以显著改善材料的性能,满足各种不同的需求。热处理的基本工艺包括退火、正火、淬火和回火。这些工艺的组合和调整可以实现各种不同的效果,从而实现对材料组织和性能的精确调控。

(一)退火

退火是一种将钢加热到较高温度,然后缓慢冷却的工艺。其目的是消除内应力、降低硬度、改善切削加工性以及细化晶粒。根据加热温度的不同,退火可以分为完全退火、等温退火和气化退火等。退火工艺可以应用于各种不同的钢种,如碳素结构钢、合金结构钢和不锈钢等。

(二)正火

正火是一种将钢加热到临界点以上某一温度,然后保温一段时间,再空冷或吹风冷却的工艺。正火的目的是细化晶粒、消除内应力、提高钢的力学性能和改善组织结构。与退火相比,正火具有操作简便、生产周期短等优点。正火工艺广泛应用于低合金结构钢、高强度钢和某些不锈钢的制备过程中。

(三)淬火

淬火是一种将钢加热到临界点以上某一温度,然后迅速冷却的工艺。淬火的目的是提高钢的硬度和耐磨性。通过淬火,可以将钢转变为马氏体或贝氏体组织,从而显著提高其硬度。淬火工艺通常与回火工艺配合使用,以进一步调整材料的性能。淬火工艺广泛应用于工具钢、轴承钢和不锈钢等高强度材料的制备过程中。

(四)回火

回火是一种将淬火后的钢加热到低于临界点某一温度,然后冷却的工艺。回火的目的是调整钢的硬度和韧性,以满足不同的需求。通过回火,可以将钢中的残余应力消除,并细化组织结构,从而提高其韧性。回火工艺可以分为低温回火、中温回火和高温回火,根据不同的需求选择不同的回火温度和时间。回火工艺广泛应用于各种工具钢、轴承钢和不锈钢等材料的制备过程中。

除了上述基本工艺外,还有一些特殊的热处理工艺,如化学热处理、形变热处理和复合热处理等。这些工艺的应用范围较窄,但可以满足一些特殊的需求。例如,化学热处理是通过向钢中渗入其他元素来改变其化学成分和组织结构,以提高其性能;形变热处理是在加热或冷却过程中对钢进行变形加工,以同时实现组织结构和机械性能的改变;复合热处理则是将两种或多种热处理工艺组合在一起,以实现多重效果的处理方法。

热处理的基本工艺是钢铁材料制备过程中的重要环节。通过合理选择和应用各种热处理工艺,可以实现对材料组织和性能的精确调控,满足各种不同的需求。

三、热处理的质量控制

热处理作为钢铁加工中的重要环节,其质量控制对于保证工件的性能和使用寿命至关重要。为了获得良好的热处理效果,需要从多个方面进行质量控制,以确保热处理过程的有效性和可靠性。

(一)加热工艺控制

加热是热处理过程中的关键环节,温度、加热速度和保温时间是影响热处理质量的重要参数。为了获得所需的组织和性能,必须对加热工艺进行精确控制。首先,应选择合适的加热温度。温度过高可能导致工件氧化、脱碳或过烧;温度过低则可能导致组织转变不充分,影响性能。因此,必须根据具体的钢种和工艺要求确定合适的加热温度。其次,应控制加热速度。加热速度过快可能导致工件内外温差过大,产生热应力;加热速度过慢则延长了热处理时间,增加了氧化和脱碳的可能性。合适的加热速度应根据工件的大小、形状和材料特性来确定。此外,保温时间也是热处理质量控制的重要因素。保温的目的是确保工件内部组织和性能的均匀性。在保温过程中,应保持温度稳定,避免温度波动过大。

(二)冷却工艺控制

冷却也是热处理过程中的重要环节,不同的冷却方式对组织和性能有显著影响。常见的冷却方式有自然冷却、强制冷却和淬火冷却等。自然冷却适用于一些低合金钢和碳钢,其优点是操作简单,成本低廉。强制冷却适用于一些高合金钢和不锈钢,通过快速冷却来获得所需的组织和性能。淬火冷却主要用于提高工件的硬度和耐磨性,常用的淬火介质有水、油、盐浴等。选择合适的冷却方式和介质应根据钢种、工艺要求和工件特性来确定。在冷却过程中,应控制冷却速度,避免冷却不均匀或过快冷却导致工件开裂或变形。同时,淬火介质的质量和清洁度也应定期检查和更换,以确保冷却效果的一致性和可靠性。

(三)设备和工艺装备的控制

热处理设备和工艺装备的质量对热处理效果具有重要影响。为了确保热处理质量,应对设备和工艺装备进行定期维护和保养,确保其正常运行和使用效果。对于关键设备和工艺装备,应定期进行精度检测和校准,以确保其精度和稳定性符合要求。同时,应对设备和工艺装备进行正确的操作和维护,避免误操作或使用不当导致热处理质量下降。

1. 原材料的控制

原材料的质量对热处理效果具有重要影响。因此,应对原材料进行质量控制,确保其化学成分、金相组织和表面质量符合要求。对于不符合要求的原材料应及时进行处理或退货,避免对热处理质量造成影响。同时,应对原材料的存储和使用进行管理,防止锈蚀、混料等问题发生。

2. 工艺过程的控制

(1)热处理工艺过程是影响热处理质量的关键环节

对工艺过程进行严格的控制和管理,确保工艺参数的稳定性和一致性。在工艺过程中,应定期对工艺参数进行检测和记录,以便及时发现异常并进行调整。同时,应对工艺过程中的异常情况进行及时处理和记录,避免对热处理质量造成影响。检验与检测是确保热处理质量的重要手段。应对热处理后的工件进行全面的检验与检测,包括外观检查、尺寸测量、硬度测试、金相组织观察等。通过检验与检测结果的记录和分析,可以及时发现热处理过程中存在的问题并进行改进。同时,应对检验与检测设备进行定期校准和维护,确保其准确性和可靠性。热处理过程中应注意环境与安全控制。应保持热处理车间的整洁和卫生,避免有害物质的产生和积累;同时应加强通风和排气措施,减少有害气体和粉尘的排放。在高温环境下作业时,应采取相应的防护措施,避免烫伤和火灾事故的发生。

(2)热处理操作人员的技能和经验对热处理质量具有重要影响

对操作人员进行定期的培训和技术交流,提高其技能水平和操作熟练度。同时应制定详细的操作规范和作业指导书,明确规定各道工序的操作步骤、工艺参数和技术要求等,以便操作人员遵循执行。建立完善的质量管理体系是确保热处理质量的重要保障。应制定相应的质量管理文件和制度规范,明确各部门的职责和工作流程;同时应加强质量信息的收集、分析和反馈工作,以便及时发现问题并进行改进。通过实施有效的质量管理体系,可以进一步提高热处理质量水平并持续改进。

(3)热处理的质量控制是一个系统性的工作,涉及多个方面和环节

为了确保工件的性能和使用寿命,必须从原材料、设备、工艺过程、检验检测等方面进行全面的质量控制和管理;同时应加强人员培训、环境与安全控制等方面的管理力度;通过实施有效的质量管理体系确保各项质量控制。

四、热处理的应用

热处理作为钢铁加工中的重要环节,广泛应用于各种行业和领域。通过合理的热处理工艺,可以显著提高钢铁材料的性能,满足各种不同的需求。

(一)汽车制造业

汽车制造业是热处理应用的重要领域之一。汽车零件如齿轮、曲轴、活塞和

连杆等都需要经过热处理以提高其耐磨性、强度和疲劳寿命。通过优化热处理工艺,可以确保零件的机械性能和可靠性,从而提高汽车的整体性能和安全性。

(二)机械制造业

在机械制造业中,许多零部件需要承受高负荷和摩擦,因此需要具有良好的耐磨性和强度。热处理在这些领域中发挥着至关重要的作用。例如,切削刀具、模具、轴承和弹簧等都需要经过适当的热处理来提高其性能和使用寿命。

(三)石油和化工行业

石油和化工行业中的许多设备和管道都需要承受高温和腐蚀性介质。通过采用耐腐蚀、耐高温的合金钢进行热处理,可以提高设备和管道的使用寿命,确保石油和化工生产的安全和经济性。

(四)电力和能源行业

在电力和能源行业中,许多设备如锅炉、汽轮机、核反应堆等都需要承受高温、高压和腐蚀等恶劣环境。热处理可以用于制造这些设备的耐热、耐腐蚀部件,提高设备的可靠性和安全性。

(五)铁路和轨道交通

铁路和轨道交通行业需要大量的轨道、车辆和零部件,这些都需要经过热处理以提高其耐磨性和强度。例如,钢轨的焊接部位需要进行热处理以提高其韧性和抗疲劳性能;车辆用轴承需要进行热处理以提高其旋转精度和使用寿命。

(六)船舶制造

船舶制造需要承受海洋环境的腐蚀和冲击,因此需要采用高强度、耐腐蚀的材料。热处理可以用于制造船舶用钢板、锚链等部件,提高其耐腐蚀性和机械性能。除了上述应用领域外,热处理还广泛应用于冶金、石油化工、医疗器械等多个行业。通过深入研究和开发新的热处理技术,有望进一步提高钢铁材料的性能,满足各种不同的需求,推动相关行业的可持续发展。

第四节　汽车钣金常用金属材料

一、钢铁材料

汽车钣金所用的钢铁材料是工业领域中最重要的材料之一,由于其具备优良的强度、塑性和韧性等综合性能,因此在汽车制造中得到广泛应用。钢铁材料主要包括碳素结构钢、合金结构钢和不锈钢等,下面将对这几种钢铁材料进行详细介绍。

(一)碳素结构钢

碳素结构钢是汽车钣金中最常用的材料之一,它是一种低合金钢,含有一定量的碳和少量的合金元素。碳素结构钢具有良好的加工性能和焊接性能,且价格相对较低,因此在汽车钣金中广泛应用。常用的碳素结构钢有 Q235、Q255 等。

碳素结构钢的强度和塑性较好,能够满足汽车钣金的基本要求。同时,碳素结构钢的焊接性能优良,可以通过各种焊接工艺进行连接,如电阻焊、气体保护焊等。此外,碳素结构钢可以通过涂装处理来提高其耐腐蚀性,如镀锌、喷塑等。

(二)合金结构钢

合金结构钢是在碳素结构钢的基础上添加一定量的合金元素而成,如铬、镍、钨等。这些合金元素的加入可以提高钢材的强度、耐腐蚀性和耐高温性能等。常用的合金结构钢有 Q345、Q390 等。与碳素结构钢相比,合金结构钢具有更高的强度和耐腐蚀性,因此常用于制造汽车的重要结构件,如车架、保险杠等。此外,合金结构钢还具有良好的耐高温性能和抗疲劳性能,能够满足汽车在高温和疲劳载荷下的工作要求。

(三)不锈钢

不锈钢是一种具有高度耐腐蚀性和美观性的钢材,常用的不锈钢有 304、316 等。不锈钢具有优异的耐腐蚀性和抗腐蚀性,可以长期保持其美观性和使用寿命。因此,不锈钢常用于制造汽车外观件和内部零件,如车门面板、车内装饰件等。同时,不锈钢焊接需要采用特殊的焊接工艺和技术,以保证焊接质量和美观性。钢铁材料在汽车钣金中占据着重要的地位。为了满足汽车工业的发展需求，钢铁材料的研发和应用也在不断进步和创新。

二、铝合金材料

铝合金材料在汽车钣金中也有着广泛的应用，由于其具有密度小、质量轻、耐腐蚀性好和美观性强等特点，因此受到广泛欢迎。铝合金材料可以分为铸造铝合金和变形铝合金两类，下面将分别对其进行详细介绍。

（一）铸造铝合金

铸造铝合金是一种可以浇铸成各种形状和规格的铝合金制品的材料。在汽车制造中，铸造铝合金主要用于制造发动机缸体、缸盖、油底壳等零部件。铸造铝合金具有优良的铸造性能，能够制造出形状复杂的零部件，并且具有良好的耐腐蚀性和耐磨性，能够满足汽车发动机的高温、高压和腐蚀性强等恶劣环境的要求。常用的铸造铝合金有 ADC12、AlSi9Cu3 等。

铸造铝合金的优点在于可以制造出各种形状和规格的零部件，并且具有优良的耐腐蚀性和耐磨性。此外，铸造铝合金的成本也相对较高。

（二）变形铝合金

变形铝合金是一种经过加工硬化和热处理后得到的具有一定强度和塑性的铝合金材料。在汽车制造中，变形铝合金主要用于制造车身板件、框架结构件等零部件。变形铝合金具有优良的塑性和加工性能，可以通过冲压、弯曲、拉伸等工艺制造出各种形状和规格的零部件。同时，变形铝合金还具有良好的耐腐蚀性和抗疲劳性能，能够满足汽车在各种环境下的使用要求。常用的变形铝合金有5052、5754 等。

变形铝合金的优点在于具有优良的塑性和加工性能，可以制造出各种形状和规格的零部件，并且具有良好的耐腐蚀性和抗疲劳性能。但是，变形铝合金的加工难度较大，需要采用精密的加工设备和工艺技术，以保证零部件的尺寸精度和表面质量。此外，变形铝合金的成本也相对较高。

铝合金材料在汽车钣金中占据着重要的地位，其具有的密度小、质量轻、耐腐蚀性好和美观性强等特点，可以满足汽车工业的发展需求。同时，随着环保意识的不断提高，轻量化材料的需求也将不断增长，而铝合金作为一种轻量化材料，将会在汽车工业中发挥越来越重要的作用。

三、铜合金材料

铜合金材料在汽车钣金中也有一定的应用,主要包括黄铜、青铜和白铜等。下面将对铜合金材料进行详细介绍。

(一)黄铜

黄铜是一种以铜为主要成分的合金,通常含有一定量的锌元素,有时还含有其他合金元素,如铝、锡、镍等。黄铜具有良好的加工性能和耐腐蚀性,因此在汽车制造等领域得到了广泛应用。

在汽车制造中,黄铜广泛应用于制造水道系统、散热器、油箱、气瓶、管道等零部件。这主要是因为黄铜具有优良的导热性能和耐腐蚀性,能够满足汽车零部件的特殊要求。此外,黄铜的强度和硬度也相对较高,能够承受一定的机械应力和振动。黄铜的加工性能非常好,可以通过各种加工工艺进行成型和加工,如弯曲、切割、钻孔、攻丝等。这使得黄铜在制造过程中能够适应各种复杂的形状和尺寸要求,并且能够保证零部件的精度和质量。此外,黄铜还具有良好的焊接性能,可以通过焊接工艺将多个零部件连接在一起,进一步提高了其应用范围。除了汽车制造领域,黄铜在其他领域也有广泛的应用。例如,在建筑领域中,黄铜可以用于制造水管、暖气片等;在电子行业中,黄铜可以用于制造导电元件、电子接插件等;在航空航天领域中,黄铜可以用于制造高精度零件、航空器结构件等。

黄铜的成分和加工工艺对它的性能和应用有着重要的影响。不同的成分比例和加工工艺可以导致黄铜的性能产生差异。例如,含锌量较高的黄铜具有更好的耐腐蚀性和机械性能,而含铝量较高的黄铜则具有更好的导热性能和强度。此外,热处理工艺也会对黄铜的性能产生影响,通过适当的热处理可以进一步提高黄铜的硬度和机械性能。

未来,随着环保意识的不断提高和能源消耗的不断减少,黄铜的应用前景将更加广阔。同时,随着加工工艺的不断改进和创新,黄铜的加工性能和机械性能也将得到进一步提高。黄铜作为一种以铜为主要成分的合金,具有良好的加工性能、耐腐蚀性和机械性能,因此在汽车制造等领域得到了广泛应用。随着科技的不断进步和新型材料的出现,黄铜的应用前景将更加广阔。同时,我们也需要不断改进和创新加工工艺和热处理工艺,进一步提高黄铜的性能和质量,以满足不断变化的市场需求。

（二）青铜

青铜是一种古老的金属材料,以铜为主要成分,并含有一定量的锡元素。青铜具有许多独特的性能和应用,使其在现代工业中仍然占据一席之地。

1. 青铜具有良好的耐磨性和抗腐蚀性

由于铜和锡的结合,青铜能够在各种环境下保持稳定的性能。在汽车制造中,青铜常用于制造耐磨件,如轴承、齿轮和蜗杆等。这些零件需要在高负载和高速条件下工作,而青铜的耐磨性和抗腐蚀性能够保证其长期稳定运行。此外,青铜也用于制造弹簧和紧固件等零部件,因为其抗腐蚀性能够保证长期有效的功能。

2. 青铜具有良好的塑性和韧性

与其他金属相比,青铜在加工过程中更容易塑形和变形。通过冲压、弯曲等工艺,可以将青铜加工成各种复杂的形状和尺寸。这种加工性能使得青铜在制造过程中具有较高的灵活性和适应性。此外,青铜的韧性也使其能够承受一定的冲击和振动,适用于制造需要承受冲击和振动的零件。

（三）白铜

1. 耐腐蚀性和耐高温性能

白铜是一种以铜为主要成分的合金,含有一定量的镍元素。由于其独特的成分和性能,白铜在许多领域中得到广泛的应用。在汽车制造中,白铜常用于制造排气系统和传感器等重要零部件,这主要得益于其优良的耐腐蚀性和耐高温性能。白铜的耐腐蚀性非常强,可以在恶劣的环境中长时间保持稳定。在汽车排气系统中,白铜可以有效地抵抗废气和环境因素的侵蚀,确保系统的正常运行。此外,白铜的耐高温性能也非常出色,能够承受汽车发动机产生的高温,确保传感器的准确测量。

2. 强度和硬度

白铜可以承受较大的机械应力和振动,不易发生变形或断裂。这种特性使得白铜在制造传感器等精密部件时具有优势,能够保证零部件的精度和稳定性。此外,白铜还可以通过热处理进行强化,进一步提高其机械性能。对白铜进行适当的热处理,可以使其内部的元素分布更加均匀,从而提高其强度、硬度和耐腐蚀性。

3.抗疲劳性

对于汽车中的传感器等部件来说,抗疲劳性非常重要,因为它们经常受到循环载荷的作用。使用白铜制造的传感器可以长时间保持稳定,提供准确的测量结果。除了汽车制造领域,白铜在其他领域也有广泛的应用。例如,在建筑领域中,白铜可以用于制造水管、暖气片等;在电子行业中,白铜可以用于制造导电元件、电子接插件等;在医疗器械中,白铜可以用于制造植入人体的材料,如支架、齿科材料等。另外,值得一提的是,铜合金材料在汽车钣金中具有一定的应用价值。使用铜合金材料可以减少汽车钣金的重量,提高其导热性能和耐腐蚀性,还可以通过合理的加工工艺实现复杂形状的制造。

四、钛合金材料

(一)钛合金材料的特性

钛合金,这一被誉为"太空金属"和"海洋金属"的神奇材料,自其问世以来,便在众多领域引起了广泛的关注和应用。钛合金之所以能够在现代工业和科技发展中占据如此重要的地位,主要得益于其独特的材料特性。

1.轻质高强

钛合金最显著的特点就是其"轻质高强"的特性。钛是一种轻质金属,其密度仅为 $4.5 \mathrm{~g/cm^3}$ 左右,是钢铁的 60% 左右。然而,尽管钛的密度较低,其强度却非常高,可与许多高强度的钢铁材料相媲美。这种轻质高强的特性使得钛合金在需要减轻重量同时保持强度的应用领域中具有显著的优势。

在航空航天领域,轻质高强的钛合金被广泛用于制造飞机机身、发动机零件和航天器结构等。由于钛合金的密度低、强度高,使用钛合金可以显著降低飞行器的重量,从而提高其飞行性能和燃油效率。此外,钛合金还具有良好的耐高温性能,能够在高温环境下保持稳定的力学性能,因此也适用于制造耐高温部件,如发动机涡轮叶片等。

在汽车工业中,钛合金也因其轻质高强的特性而受到关注。使用钛合金制造汽车零件可以显著降低汽车的整体重量,从而提高燃油经济性和减少尾气排放。同时,钛合金的高强度还可以提高汽车的安全性能,减少碰撞时的损伤。

2. 优异的耐腐蚀性

钛合金具有优异的耐腐蚀性,能够在恶劣的腐蚀环境中长期稳定工作。钛是一种非常活泼的金属,但其表面极易形成一层致密的氧化膜,这层氧化膜能够有效地隔绝钛与外界的接触,从而防止钛合金进一步的腐蚀。

在化工、海洋工程等领域中,钛合金的耐腐蚀性得到了广泛的利用。例如,在化工生产中,许多化学介质都具有强烈的腐蚀性,使用钛合金制造化工设备可以有效地抵抗这些化学介质的腐蚀,保证设备的长期稳定运行。在海洋工程中,海水是一种强腐蚀性的介质,使用钛合金制造海洋工程结构可以有效地抵抗海水的腐蚀,延长结构的使用寿命。

3. 良好的生物相容性

钛合金具有良好的生物相容性,能够与人体组织和平共处,不会引起排异反应和毒性反应。这一特性使得钛合金在医疗领域中具有广泛的应用前景。

在医疗器械方面,钛合金被广泛用于制造人工关节、牙科种植体、心脏起搏器外壳等医疗器械。这些医疗器械需要长期与人体组织接触,因此要求材料具有良好的生物相容性。钛合金不仅具有良好的生物相容性,还具有优异的力学性能和加工性能,能够满足医疗器械的制造要求。

在生物医学工程方面,钛合金也被用于制造生物传感器、生物芯片等生物医学器件。这些器件需要与人体组织或生物液体接触,因此要求材料具有良好的生物相容性和稳定性。钛合金的生物相容性和稳定性使得其成为生物医学工程领域中的理想材料之一。

4. 良好的加工性能和焊接性能

钛合金具有良好的加工性能和焊接性能,可以通过各种加工方法和焊接工艺进行加工和连接。这一特性使得钛合金在制造过程中具有较高的灵活性和可塑性。

钛合金可以通过锻造、轧制、拉伸、冲压等多种加工方法进行加工。这些加工方法可以使得钛合金获得所需的形状和尺寸,同时保持其优异的力学性能和耐腐蚀性。此外,钛合金还可以通过热处理工艺进行强化和改善性能。通过调整热处理工艺参数,可以获得不同组织和性能的钛合金材料,以满足不同应用领域的需求。

在焊接方面,钛合金也具有良好的焊接性能。通过选择合适的焊接方法和工艺参数,可以实现钛合金的高效、高质量连接。焊接后的钛合金接头具有良好的力学性能和耐腐蚀性,能够满足各种应用场合的要求。

(二)钛合金材料的应用

钛合金以其独特的轻质、高强、耐腐蚀等特性,在汽车领域中扮演着越来越重要的角色。随着汽车工业的发展和对汽车性能要求的不断提高,钛合金在汽车制造中的应用受到越来越多的关注。

1. 发动机部件

钛合金在发动机部件制造中有着广泛的应用。发动机是汽车的心脏,而钛合金以其轻质、高强、耐高温等特性成为制造高性能发动机部件的理想材料。钛合金可以用于制造发动机的活塞、连杆、曲轴等关键部件,这些部件在工作时需要承受高温和高压,钛合金的优异性能可以保证其长时间稳定工作,提高发动机的可靠性和耐久性。

2. 悬挂系统

悬挂系统是汽车的重要组成部分,对于汽车的操控性和舒适性有着重要影响。钛合金可以用于制造悬挂系统中的弹簧、减震器等部件。相比传统的钢制悬挂系统部件,钛合金部件具有更轻的重量和更高的强度,可以减轻车身重量,提高悬挂系统的响应速度和减震效果,从而提升汽车的操控性和舒适性。

3. 刹车系统

刹车系统是汽车安全性的关键部分。当前,人们对于刹车性能的要求越来越高。钛合金以其优异的耐磨性和耐高温性成为制造高性能刹车系统部件的理想选择。钛合金可以用于制造刹车盘、刹车卡钳等部件,这些部件在刹车时需要承受高温和摩擦,钛合金的优异性能可以保证其长时间稳定工作,提高了刹车系统的性能和安全性。

4. 进气歧管和排气系统

进气歧管和排气系统是汽车发动机的重要组成部分,对于发动机的性能和排放有着重要影响。钛合金以其良好的耐腐蚀性和耐高温性成为制造进气歧管和排气系统部件的理想材料。这些部件需要长时间承受高温和废气中的腐蚀性物质,钛合金的优异性能可以保证其长时间稳定工作,提高发动机的性能和排放水平。

5. 汽车内饰

钛合金也可以用于制造汽车内饰部件,如座椅骨架、扶手、仪表板框架等。相比传统的塑料或钢制内饰部件,钛合金部件具有更轻的重量和更高的强度,可以减轻车身重量,提高燃油经济性。同时,钛合金的美观性和质感也可以提升汽车的内饰品质和豪华感。

6. 电动汽车驱动装置

在电动汽车中,由于电池等部件的重量较大,对于车身重量的要求更高。钛合金以其轻质高强度的特性成为制造电动汽车驱动装置的理想材料。钛合金可以用于制造高性能的驱动马达和逆变器等部件,这些部件需要承受高电流和高温等极端环境,钛合金的优异性能可以保证其长时间稳定工作,提高电动汽车的性能和续航里程。

五、镁合金材料

镁合金材料能够有效地减轻整车质量,提高燃油经济性和环保性能,因此在汽车工业中受到广泛欢迎。

(一)镁合金材料的特性

镁合金是一种轻质、高强度的金属材料,由于其独特的物理和化学性质,在汽车、航空航天、电子产品等领域得到了广泛应用。下面将详细介绍镁合金材料的特性及其在各领域的应用情况。

1. 轻量化

镁合金的密度非常低,大约是铝的2/3,钢的1/4,其轻量化效果显著,能够有效减轻产品的重量,从而提高产品的机动性和节能减排效果。

2. 高强度

镁合金的强度较高,其抗拉强度与铝合金相当,甚至高于铝合金。这种高强度特性使其在承受高负荷和冲击的环境下具有很好的表现。

3. 良好的铸造性能

镁合金的铸造性能优良,可以采用压铸、砂铸、金属模浇注等多种铸造工艺,很方便地制造出各种形状和规格的零部件。

4. 良好的切削加工性能

镁合金的切削速度快,切削温度低,有利于提高生产效率。

5. 良好的电磁屏蔽性能

镁合金具有较好的电磁屏蔽性能,能够有效地屏蔽电磁波干扰,保护电子设备不受影响。

6. 资源丰富

镁合金在地壳中的含量非常丰富,易于开采和加工。

(二)镁合金材料的应用

1. 汽车领域

由于镁合金具有轻量化和高强度的特性,因此在汽车领域中得到了广泛应用。例如,汽车发动机部件、变速器齿轮、气瓶、方向盘骨架等都采用了镁合金材料。采用镁合金材料可以显著减轻汽车重量,提高燃油经济性和排放性能。

2. 航空航天领域

镁合金在航空航天领域中也有着广泛的应用。例如,飞机机身、起落架、航空发动机等部件都采用了镁合金材料。由于镁合金具有高强度和轻量化的特点,能够有效减轻飞机重量,提高飞行效率和安全性。

3. 电子产品领域

镁合金具有良好的电磁屏蔽性能和轻量化特点,因此在电子产品领域中得到了广泛应用。例如,笔记本电脑的外壳、手机壳、平板电脑外壳等都采用了镁合金材料。采用镁合金材料可以有效地保护电子设备不受电磁波干扰和减轻重量。

4. 其他领域

除了上述领域外,镁合金在建筑、医疗器械、体育器材等领域中也得到了广泛应用。例如,建筑中的铝合金窗户框、医疗器械中的手术刀具、体育器材中的滑雪板架等都采用了镁合金材料。

镁合金材料具有轻量化、高强度、良好的铸造和切削加工性能以及良好的电磁屏蔽性能等优点,因此在汽车、航空航天、电子产品等领域中得到了广泛应用。随着技术的不断进步和应用领域的不断拓展,相信未来镁合金材料的应用前景将会更加广阔。

（三）镁合金材料的加工工艺

镁合金材料的加工工艺主要包括铸造和变形加工两种方法。铸造是一种通过将熔融状态的镁合金倒入模具中,冷却凝固后形成所需形状和尺寸的零部件的工艺方法。变形加工则是通过外力作用使镁合金发生塑性变形,形成所需的形状和尺寸的工艺方法。

1. 铸造方法

铸造方法可以根据具体需求选择不同的模具材料和铸造工艺,包括砂型铸造、金属型铸造、压铸等。砂型铸造是常用的铸造方法之一,它是通过在砂型模具中倒入镁合金熔融液,冷却凝固后形成铸件。金属型铸造则是使用金属模具进行铸造,具有较高的生产效率和铸件质量。压铸是一种通过高压将镁合金熔融液注入金属模具中,快速冷却凝固后形成铸件的工艺方法,适用于制造小型、复杂形状的零部件。

2. 变形加工方法

变形加工方法包括轧制、挤压、锻造等。轧制是通过旋转轧辊将镁合金坯料轧制成所需厚度和宽度的板材或管材的工艺方法。挤压则是通过将镁合金坯料放入模具中,施加压力使坯料发生塑性变形,形成所需形状和尺寸的零部件。锻造是一种通过将镁合金坯料加热至塑性变形温度,然后施加外力使坯料发生塑性变形,形成所需形状和尺寸的工艺方法。

在实际应用中,可以根据具体需求选择合适的加工方法。对于形状复杂的零部件制造,铸造方法具有较高的灵活性和适用性。对于平板和管材等简单形状的零部件制造,变形加工方法则具有较高的生产效率和制品质量。除了铸造和变形加工,镁合金材料的加工工艺还包括切割、磨削、抛光等后续处理工艺。这些工艺可以进一步优化镁合金材料的表面质量和尺寸精度,以满足不同领域的需求。

（四）镁合金材料的前景

镁合金材料作为一种轻量化金属材料,在汽车钣金中具有一定的应用价值,其具有密度小、质量轻、减震性能好等特点。在汽车制造中,镁合金材料可以用于制造车身板件、轮毂、发动机零部件等部件,有助于提高汽车的燃油经济性和环保性能。虽然面临一些挑战,但随着新材料和新技术的不断发展,镁合金材料在汽车工业中的应用将会更加广泛和重要。

六、复合材料

随着汽车工业的发展和消费者对汽车性能要求的提高,汽车钣金制造的材料和技术也在不断进步。其中,复合材料的应用逐渐成为一种趋势。复合材料是由两种或多种材料组成的一种材料,具有多种材料的优点,可以弥补单一材料的不足。在汽车钣金中,复合材料主要包括玻璃纤维增强塑料(GFRP)、碳纤维增强塑料(CFRP)等。

(一)玻璃纤维增强塑料(GFRP)

玻璃纤维增强塑料(GFRP)是一种以玻璃纤维和有机高分子材料复合而成的复合材料。它具有质量轻、强度高、耐腐蚀性好、抗疲劳性能优良等特点。在汽车钣金中,GFRP 主要用于制造车身板件、车架结构件等。与传统的金属材料相比,GFRP 可以有效地减轻整车质量,提高燃油经济性和环保性能。同时,GFRP 的抗腐蚀性能可以有效提高汽车的使用寿命和维护成本。

(二)碳纤维增强塑料(CFRP)

碳纤维增强塑料(CFRP)是一种以碳纤维和有机高分子材料复合而成的复合材料。碳纤维具有高强度、高模量、轻质、耐高温等特点,使得 CFRP 具有优良的力学性能和耐久性。在汽车钣金中,CFRP 主要用于制造高端车型的车身板件、车架结构件等。CFRP 的应用可以进一步减轻整车质量,提高燃油经济性和环保性能。同时,CFRP 的外观优美、抗腐蚀性能优良等特点也得到了广泛应用。

(三)其他类型的复合材料

除了 GFRP 和 CFRP,还有其他类型的复合材料在汽车钣金中得到应用,如金属基复合材料、陶瓷基复合材料等。这些复合材料在汽车制造中得到广泛的应用,主要用于制造发动机部件、刹车系统部件、传动系统部件等。总之,复合材料在汽车钣金中得到广泛的应用,主要是因为它们具有质量轻、强度高、耐腐蚀性好等特点。随着技术的不断进步和应用领域的不断拓展,相信未来复合材料在汽车钣金中的应用将会更加广泛和重要。

第五节　其他非金属材料

在汽车制造中,除使用金属材料外,还广泛使用非金属材料,如常见的汽车灯罩、仪表板壳、转向盘、坐垫、风窗玻璃、轮胎、传动带、连接软管等都是由各种非金属材料制成的。非金属材料因具有许多优良的理化性能,可以满足某些特殊要求,而且原料丰富,加工简便,因此得到广泛使用。非金属材料的种类很多,本节主要介绍塑料、橡胶、黏结剂、石棉纸板、玻璃等非金属材料的基本知识,以及它们在汽车上的应用。

一、塑料

塑料在汽车上的应用发展很快,从最初的内饰件和小机件,发展到可代替金属制造的各种配件,近年来,全塑料车身汽车也已问世。仅用塑料代替金属,既可获得汽车轻量化的效果,还可改善汽车某些性能,如耐磨、防腐、避振、减少噪声等。因此,随着汽车工业的不断发展,塑料越来越受到人们的重视。

(一)塑料的组成

塑料是以合成树脂为基体,并加入某些添加剂制成的高分子材料。在一定的温度和压力下,从煤、石油和天然气中提炼的高分子化合物能塑造成各种合成树脂,在常温下是固体或黏稠液体。合成树脂是塑料的主要成分,它的种类、性质及加入量的多少对塑料的性能起着很大的作用。因此,部分的塑料是以所加脂的名称来命名。工程上常用的合成树脂有酚醛树脂、环氧树脂、基树脂、有机硅树脂和聚氯乙烯、聚乙烯等。

(二)添加

加入添加剂是为了改善塑料的性能,以扩大其使用范围。它包括填料、增塑剂、稳定剂、固化剂、着色剂等。

填料主要是起强化作用,同时也能改善或提高塑料的某些性能,如加入云母、石棉粉可以改善塑料的电绝缘性和耐热性;加入氧化硅可提高塑料的硬度和耐磨性等。增塑剂是用于提高塑料的可塑性与柔软性;稳定剂可以提高塑料在光和热作用下的稳定性,以延缓老化;固化剂可以促使塑料在加工过程中硬化;着色剂可

使塑料制品色彩美观,以适应不同的使用需要。各类添加剂加入与否和加入量的多少,均视塑料制品的性能和用途而定

二、塑料的分类和主要特性

(一) 塑料的分类

塑料的种类很多,按其热性能不同,可分为热固性塑料和热塑性塑料两大类。热固性塑料是指经一次固化后,不再受热软化,只能塑制一次的塑料。这类塑料耐热性能好,受压不易变形,但力学性能较差。常用的有环氧塑料、酚醛塑料、氨基塑料、有机硅塑料等。热塑性塑料是指受热时软化,冷却后变硬,再加热又软化,冷却又变硬,可反复多次加热塑制的塑料。这类塑料加工成形方便、力学性能较好,但耐热性相对较差、容易变形。热塑性塑料数量很大,约占全部塑料的80%,常用的有聚乙烯,聚氯乙烯、聚四氟乙烯、聚苯乙烯、聚丙烯、聚甲醛、聚苯醚、聚酰胺等。

(二) 塑料的主要特性

1. 质量小

一般塑料的密度在 $0.83 \sim 2.2$ g/cm 范围内,仅是钢铁的 $1/8 \sim 1/4$。而泡沫塑料则更轻,密度在 $0.2 \sim 0.2$ g/cm 之间。因此用塑料制备汽车零部件可大幅度减轻汽车的质量,降低油耗。

2. 化学稳定性好

一般的塑料对酸、碱、盐和有机剂都有良好的耐蚀性能。特别是聚四氟乙烯,除了能与熔融的碱金属作用外,其他化学药品包括王水也难以腐蚀。因此,在腐蚀介质中工作的零件可采用塑料制作或采用在表面喷塑的方法提高其耐蚀能力。

3. 比强度高

比强度,是指单位质量的强度。尽管塑料的强度要比金属低些,但由于塑料密度小、质量轻,因此以等质量相比.其比强度要高。如用碳素纤维强化的塑料,它的比强度要比钢材高2倍左右。

4. 良好的电绝缘性能

塑料几乎都有良好的电绝性,它可与陶瓷胶和其他绝缘材料相媲美。因此,

汽车电器零件广泛采用塑料作为绝缘体。

5. 耐摩擦系数小耐性好

能在摩擦甚至完全无润滑条件下良好地工作。所以可作为耐磨损材料,制造齿轮密封圈、轴承嵌套等。

6. 良好的吸振性和消声性

采用塑料轴承和塑料轮的机械,在高速运转时,可平稳无声地转动,大大减少噪声,降低振动。但塑料也有不少缺点,主要有:与钢相比其力学性能较低;耐热性较差,一般只能在 100 ℃ 以下长期工作;导热性差,其导热系数只有钢的 1/200 ～ 1/600;容易吸水,塑料吸水后会引起使用性能恶化。此外,塑料还有易老化、易燃烧、温度变化时尺寸稳定性差等缺点。

(三) 塑料在汽车中的应用

由于塑料具有诸多金属和其他材料所不具备的优良性能,因此在汽车上的应用非常广泛。塑料在汽车制造中扮演着重要的角色,不仅可以减轻车身重量,提高燃油经济性,还可以提高汽车的安全性和舒适性。下面将详细介绍塑料在汽车上的应用。

1. 汽车结构零件中的运用

由于塑料具有质量轻、耐腐蚀性好、加工方便等特点,因此可以用塑料代替金属材料制造汽车的结构零件。例如,汽车的前保险杠、后保险杠、侧裙等部件都是用塑料制成的。这些零件采用塑料制造不仅可以减轻车身重量,还可以吸收和缓冲冲击力,提高汽车的安全性能。

2. 汽车耐磨减磨零件中的运用

由于塑料具有较好的耐磨性、耐腐蚀性和低摩擦系数等特点,因此可以用塑料代替金属材料制造汽车的耐磨减磨零件。例如,汽车的发动机气缸垫片、活塞环、密封圈等部件都是用塑料制成的。这些零件采用塑料制造可以减少摩擦阻力,降低发动机的能耗和磨损,延长发动机的使用寿命。

3. 塑料汽车隔热防震零件的运用

由于塑料具有隔热、防振、隔音等特点,因此可以用塑料代替金属材料制造汽车的隔热防震零件。例如,汽车的引擎罩、挡火墙、车门内板等部件都是用塑料制成的。这些零件采用塑料制造可以有效地隔热、防震和隔音,提高汽车的舒适性和静谧性。

4. 其他运用

塑料在汽车上的应用非常广泛,涉及汽车制造的各个方面。由于塑料具有诸多金属和其他材料所不具备的优良性能,因此在汽车制造中扮演着重要的角色,如用于制造汽车的其他各种零件和附件,如车内装饰件、电气绝缘件、流体输送管件等。这些零件和附件采用塑料制造不仅可以提高产品的美观度和舒适度,还可以降低制造成本和生产周期。

未来随着环保意识的不断提高和新能源汽车的快速发展,塑料在汽车上的应用将会更加广泛和重要。同时,随着新材料和新技术的不断涌现和应用,相信未来还会有更多种类的塑料和性能更优异的复合材料在汽车制造中得到应用。

三、橡胶

橡胶是一种有机高分子材料,汽车上有许多零件是用橡胶制造的,如风扇传动带、缓冲垫、油封、制动皮碗等。仅汽车轮胎一项,在汽车运输成本中就占了10%左右。因此对汽车使用与维修人员来说,了解橡胶及其制品的基本知识是非常重要的。

(一)胶的基本性能

1. 极高的弹性

这是橡胶独特的性能。橡胶的伸长率可达100%~1 000%。橡胶在起初受负荷时变形量很大,但随外力的增加,橡胶又具有很强地抵抗变形的能力。因此,橡胶可作为减振材料用于制造各种减轻冲击和吸收振动的零件。

2. 良好的热可塑性橡胶

橡胶是一种具有弹性的高分子材料,通常用于制造各种弹性体和密封材料。在一定温度下,橡胶可以失去弹性并变得具有可塑性,这被称为热可塑性。在热可塑性状态下,橡胶易于加工成各种形状和尺寸的制品,并且当加工外力去除后,橡胶仍能保持该变形下的形状和尺寸。在橡胶加工过程中,通常需要先将原材料切成小块或颗粒状,然后通过热压机或模具进行加热和加压,使其成为所需的形状和尺寸。由于橡胶在热可塑性状态下易于流动和变形,因此可以快速、高效地加工成各种形状的制品。此外,通过调整加工温度、压力和时间等参数,还可以控制橡胶制品的硬度和密度等特性。

3. 良好的绝缘性

橡胶大多数是绝缘体,是制造电线、电缆等导体的绝缘材料。此外,橡胶还具有良好的耐寒、耐腐蚀和不渗漏水、气等性能。橡胶的缺点是导热性差,硬度和抗拉强度不高,尤其是容易老化等。

所谓橡胶老化是指橡胶在贮存和使用中,其弹性、硬度、抗溶胀性及绝缘性发生变化,出现变色、发黏变脆及龟裂等现象。引起橡胶老化的主要原因是受空气中氧、臭氧的氧化以及光照(特别是紫外线照射)温度的作用和机械变形而产生的老化等。因此为减缓橡胶制品老化,延长使用寿命,橡胶制品在使用和贮存中应避免与酸、碱、油及有机溶剂接触,尽量减少受热和日晒、雨淋。

(二)胶的组成

橡胶主要是以生胶为原料,加入适量的配合剂而制成的。

生胶是橡胶工业的主要原料,按其来源可分为天然橡胶和合成橡胶两种。

(1)天然胶是从热带胶采集的胶乳精馏而成的一种高弹性材料。加工后的天然橡胶通常呈片状固体其单体为异戊二烯。

(2)合成橡胶主要是以煤、石油和天然气为原料用化学合成方法获得的。按其性质和用途,分通用和特种两大类。通用合成橡胶的性能与天然橡胶相近,物理性能、力学性能和加工性能较好。特种合成橡胶具有某种特殊性能,如耐热、耐寒、耐油及耐化学腐蚀等。合成橡胶种类较多,常用的有丁苯橡胶、丁基橡胶、氯丁橡胶和丁腈橡胶等。

配合剂是为了提高和改善橡胶制品性能而加入的物质。主要有硫化剂、硫化促进剂、补强剂、软化剂、防老剂等。硫化剂的作用与塑料中的固化剂相类似,常用的有硫黄、氧化硫、硒等;硫化促进剂起加速硫化过程,缩短硫化时间的作用,常用的有氧化锌、氧化铝、氧化镁以及醛胺类有机化合物等;补强剂用以提高橡胶的力学性能和耐磨、耐撕裂性能,常用的有黑化硅石等;软化剂能提高橡胶的柔软性和可塑性;防老剂主要是防止橡胶老化。

(三)橡胶在汽车中的应用

橡胶在汽车工业中发挥着不可或缺的作用,其中轮胎是汽车上用量最大的橡胶制品。全球每年生产的轮胎中有80%以上是由橡胶制成的,而轮胎也是汽车中唯一与地面接触的部分,其性能直接影响着汽车的行驶安全和舒适性。轮胎作为汽车的重要组成部分,需要承受汽车行驶过程中的各种力和力矩,同时还要具备良好的耐磨性、抗滑性、耐老化性和低滚动阻力等性能。为了满足这些要求,轮胎的制造需要采用高性能的橡胶材料和先进的生产工艺。

除了轮胎外,橡胶还广泛应用于汽车的其他部位,如各种胶带、胶管、减振配件以及耐油配件等。这些橡胶制品在汽车制造中起着重要的作用,可以提高汽车的舒适性、稳定性和安全性。例如,汽车胶带主要用于发动机、底盘和车身的固定和密封,可以防止振动和噪声,提高汽车的行驶平稳性和舒适性。胶管则主要用于传输液体和气体,如刹车油管、空调管等,需要具有良好的耐压性、耐腐蚀性和耐高温性。减振配件如减震器、缓冲器等可以吸收和缓冲汽车行驶过程中的振动和冲击,提高乘坐舒适性和行驶稳定性。耐油配件如油封、密封圈等可以防止油品泄漏,保持汽车的正常运转。

随着人们对汽车性能和安全性的要求不断提高,橡胶在汽车制造中的应用也越来越广泛。为了满足市场需求和环保法规的要求,橡胶制品的生产企业需要不断研发和创新,提高产品的性能和质量。未来随着新材料和新技术的不断涌现和应用,相信橡胶制品的性能和质量也将得到不断提高,为汽车工业的发展提供更加可靠的技术支持。橡胶生产企业需要加强研发和创新投入,开发更高性能、更加环保和可持续发展的新型橡胶材料和制品,以满足不断变化的市场需求和推动行业的可持续发展。同时,还需要加强与汽车制造商的合作与交流,了解市场需求和产品要求,共同推动橡胶在汽车制造中的广泛应用和发展。

四、黏结剂

黏结剂又称黏合剂,它是将两种材料黏结在一起,或填补零件裂纹、孔洞等缺陷的材料。黏结剂具有较高的黏结强度和良好的耐水、耐油、耐腐蚀、电绝缘等性能,用它来修复零件具有工艺简单、连接可靠、成本低、不会使零件变形和组织发生变化等优点。因此,在汽车维修中得到广泛应用。

黏结剂的品种很多,在汽车零件修复中常用的黏结剂主要有环树脂黏结剂、醛树脂黏结剂和氧化铜黏结剂等。

(一)环树脂黏结剂

环氧树脂黏结剂是一种有机黏结剂。它的用途很广,适合黏结各种金属材料和非金属材料。

1. 环氧树脂黏结剂的组成

环氧树脂黏结剂是以环氧树脂及固化剂为主,再加入增韧剂、稀释剂填料和促进剂等配制而成。环氧树脂的优点是黏结力强、固化收缩率小、耐腐蚀和绝缘性好、使用方便。但其缺点是脆性大耐热性差。固化剂是黏结剂的主要成分,它与环氧酯化合使脂的线状结构变成网状结构。固化后,形成热固性物质,温度升高也不软化和熔化,也不溶于有机溶剂,而且还具有良好的耐油、耐酸性能。常用的固化剂有乙二胺、间苯二胺、聚酰胺等。增韧剂是增加黏结剂柔韧性的物质,它能提高黏接层的抗剥离、耐冲击能力。常用的增韧剂有邻苯二甲酸二丁酯、磷酸二苯醚等。加入填料能改变接头的强度和表面硬度,提高耐热性、电绝缘性,节约脂用量。常用的填料有铁粉、石英粉、石棉粉、玻璃丝等。稀释剂是用来溶解树脂、降低黏结剂的黏度,同时它还可以控制固化过程的反应热,延长黏结剂的使用期,增加填料的添加量。常用的稀释剂有丙酮、甲苯、二甲苯等。加入适量的促进剂能使黏结剂加速固化,并降低固化温度,常用的有四甲基二氨基二苯甲烷、间苯二酚等。

2. 常用环氧树脂黏结剂配方

环氧树脂黏结剂种类很多,有些现成产品,但更多的是由使用者根据实际需要,按一定的配方现配现用。在汽车维修中,环氧树脂黏结剂可用于黏补蓄电池壳、填补气缸体裂纹、修复孔或轴颈等。

（二）酚醛树脂黏结剂

酚醛树脂黏结剂也是一种有机黏结剂。它具有较高的黏结强度,耐热性好,可在200 ℃以下长期工作,其脆性大不耐冲击。酚醛树脂黏结剂可以单独使用,也可以与其他树脂或橡胶混合使用。它与环氧树脂混合使用时其用量为环氧树脂的30%～40%,加增料为了加速固化可加入5%～6%的乙二胺,这样既改善了耐热性,又提高了韧性。

KH-506黏结剂是酚醛树脂与丁胶混合的黏结剂。它具有良好的耐热耐水耐油等特性。可用于汽车各种轴、轴承与泵壳类的修复,以及离合器摩擦片、制动蹄片的黏结等。

204黏结剂是酚醛树脂与缩甲醛组成的黏结剂。其特点是具有优良的耐热性,可在200 ℃以下长期工作。主要用于在高温环境下工作的零部件的修复。

（三）氧化黏结剂

氧化铜黏结剂是一种无机黏结剂,它具有良好的耐热性(在 600 ℃高温下不软化)和耐酸性,固化前溶于水而固化后不溶于水等特点。但其脆性大,不耐冲击、不耐强碱等。氧化铜黏结剂由氧化铜粉和无水磷酸和氢氧化铝调和而成,其中氢氧化铝用于进行污水处理。氧化铜与磷酸反应生成的磷酸铜,吸水后会形成结晶水化物而固化,这一固化过程与硅酸盐水泥相类似,因此它能像水泥一样进行黏补。而且磷酸铜在黏结时与钢铁件表面接触,铁元素与铜元素会发生置换反应,因而能提高其黏结强度。氧化铜黏结剂在固化后,体积略有膨胀。因此,特别适用于管件套接或槽接,也可用于填补裂缝、堵漏和黏结零件,如黏补发动机气缸上平面、气阀室附近处的裂纹以及黏结硬质合金刀头等。

五、填料与易损件非金属材料

填料与易损件非金属材料,在汽车上主要是起密封、保温、装饰等作用。常用的有纸板、石棉、玻璃、毛毡等。

（一）制品

纸板制品在汽车上主要用于制作各种床垫,常用的有以下几种:

1. 钢板

钢纸板是一种重要的工程材料,根据其硬度和特性,可以分为软钢纸板和硬钢纸板两类。这两种类型的钢纸板各有其独特的性质和应用领域,下面我们将分别详细介绍。

（1）软钢纸板是一种经过特殊处理的纤维纸板。它首先以纸类为基础原料,然后经过甘油、麻油及氧化锌的处理,最终形成一种独特的软性纤维纸板。这种软钢纸板具有许多优异的性能,首先是其高强度和良好的韧性。这意味着它能够承受较大的压力和弯曲,不易破裂或变形。其次,软钢纸板具有良好的耐油、耐水和耐热性能,可以在各种恶劣的环境条件下保持其性能。此外,它对金属无腐蚀作用,这使得它在需要与金属接触的场合中特别有用。

在汽车工业中,软钢纸板主要用于制作汽车发动机和总成密封连接处的垫片。这些垫片起到了关键的作用,用于密封和连接发动机和总成,防止液体泄漏和空气侵入。由于软钢纸板的高强度和耐油、耐热等特性,它可以很好地满足这一需求。例如,机油泵盖衬垫就是一种常见的应用,它可以确保机油泵盖的紧密连接,防止机油泄漏。

(2)硬钢纸板也是一种经过特殊处理的纤维纸板,不过与软钢纸板相比,它的处理方式略有不同。硬钢纸板同样以纸类为基础原料,但经过氧化锌处理后,它形成了一种硬性纤维纸板。这种硬钢纸板具有抗张力强和绝缘性好等特点。

硬钢纸板的抗张力强意味着它可以承受较大的拉伸力而不会破裂。这使得它在需要承受拉伸应力的场合中非常有用,比如制作绝缘衬垫。由于其良好的绝缘性,硬钢纸板常被用于制作发电机、调节器等部件上的绝缘衬垫。在这些部件中,绝缘衬垫起到了关键的作用,可以确保电信号的稳定传输和防止电流泄漏。

2. 滤芯纸板

滤芯纸板,顾名思义,是一种具有过滤性能的纸板。这种纸板经过特殊处理,具有了过滤杂质、颗粒物等的功能,因此在各种需要净化、过滤的场合中得到广泛应用。滤芯纸板之所以具有过滤性能,是因为其表面覆盖有一层细密的纤维,这些纤维能够有效地捕捉和拦截通过纸板的液体或气体中的杂质。除了基本的过滤功能外,滤芯纸板还有着较强的抗张力能力。这意味着即使在承受一定的拉力或张力时,滤芯纸板也不会轻易变形或破裂。这一特性使得滤芯纸板在制作过滤器时成为理想的选择。特别是在一些需要高强度和稳定过滤性能的场合,如食品加工、制药、化工等领域,滤芯纸板更是不可或缺的材料。

滤芯纸板根据厚度的不同,可以分为薄滤芯纸板和厚滤芯纸板两种。薄滤芯纸板通常适用于制作过滤器的内滤片。这些内滤片是过滤器中的核心部件,负责拦截和去除液体或气体中的杂质。薄滤芯纸板由于其轻巧且有效的特点,能够提供良好的过滤效果,同时减少阻力,使液体或气体顺畅通过。与薄滤芯纸板相比,厚滤芯纸板则常用作滤片的垫架。在某些过滤器中,为了提高过滤效果和稳定性,需要在内滤片下方增加支撑结构。厚滤芯纸板由于其厚度和强度,成为理想的垫架材料。它不仅能够提供足够的支撑,防止内滤片变形或移动,还能有效地保护内滤片不受外部压力或冲击的影响。

除了在过滤器中的应用,滤芯纸板在其他领域也有着广泛的应用。例如,在环保领域中,滤芯纸板可以用于制作活性炭吸附剂的载体,用于去除空气或水中的有害物质。在食品包装领域,滤芯纸板可以作为食品包装材料的内衬,提供食品的保质和保鲜效果。在医疗卫生领域,滤芯纸板可以用于制作医疗设备的过滤部件,如呼吸机、输液器等,确保医疗设备的安全性和可靠性。

滤芯纸板作为一种具有过滤性能和较强抗张力能力的纸板,在各个行业中都得到广泛的应用。无论是薄滤芯纸板还是厚滤芯纸板,都以其独特的性能和广泛的适用性,为我们的生活和工作带来了诸多便利。未来随着科技的不断进步和产业的发展,对滤芯纸板的需求也将持续增长。为了满足市场的需求和应对各种挑战,滤芯纸板的研发和创新将显得尤为重要。通过不断改进生产工艺、优化材料配方以及拓展新的应用领域,我们可以期待着滤芯纸板在未来发挥出更大的潜力,为人类创造更加美好的生活和工作环境。

3. 防水纸板

防水纸板分为沥青防水纸板和普通防水纸板两类。防水纸板具有伸缩率小、吸水率低和韧性较好等特点。常用于车身包皮或与水接触部件的衬垫。

4. 浸渍衬垫纸板

浸渍衬垫纸板是在纸浆中加入胶料,制成成品后再经甘油水溶液浸渍而成的纸板。浸渍衬垫纸板具有弹性好、吸水和吸油性小等特点,一般用于制作汽车发动机、变速箱与汽油润滑油或水接触的衬垫。

(二)石棉

石棉具有良好的柔软性,本身不会燃烧,而且有较好的防腐性和吸附能力,但导热导电性差。石棉在汽车上主要用于密封、隔热、保温、绝缘和制动等。

1. 石棉盘根

石棉盘根有橡胶石棉盘根和浸油石棉盘根两种。

橡胶石棉盘根是由石棉布或石棉线以橡胶为黏结剂卷制或编织后压成方形、扁形,外涂高碳石墨密封材料制成的。浸油石棉盘根是用经润滑油和石墨浸渍过的石棉线(或铜丝石棉线)编织而成。石棉盘根还可作为转轴门杆的密封材料。汽车上常用作发动机曲轴最后一道主轴承的密封。

2. 石棉板

石棉板是一种由石棉、填料和黏结材料制成的复合材料,具有多种类型和广泛的应用。根据不同的制作工艺和用途,石棉板可以分为耐油橡胶石棉板、衬垫石棉板和高压橡胶石棉板三种。这些不同类型的石棉板在各自的领域中发挥着重要的作用。

首先,耐油橡胶石棉板是一种具有优异耐油性能的石棉板。它采用特殊的橡胶作为黏结材料,并添加了适量的填料,以增强其耐油性和强度。这种石棉板主要用于制作需要承受油类介质侵蚀的密封垫片和内衬物,如汽车发动机的气缸床和排气管接口垫圈内衬等。在这些应用中,耐油橡胶石棉板能够有效地防止油类介质的渗漏和侵蚀,确保设备的正常运行和安全性。

其次,衬垫石棉板是一种用于制作密封垫片的材料。它采用优质的石棉纤维和填料制成,具有良好的柔软性、压缩性和回弹性。这种石棉板通常用于制作各种机械设备的密封垫片,如泵、阀门、管道等连接部位的密封。在这些应用中,衬垫石棉板能够有效地防止液体或气体的泄漏,保证设备的密封性能和使用寿命。

最后,高压橡胶石棉板是一种具有高压承受能力的石棉板。它采用高强度的橡胶作为黏结材料,并添加了适量的填料和增强材料,以提高其抗压强度和耐磨性。这种石棉板主要用于制作需要承受高压的密封垫片和内衬物,如高压管道、压力容器等连接部位的密封。在这些应用中,高压橡胶石棉板能够承受极高的压力和磨损,确保设备的正常运行和安全性。

3. 石棉摩擦片

石棉摩擦片,一种曾经广泛应用于汽车、机械等领域的材料,它的主要成分是石棉,一种天然的硅酸盐矿物。通过与各种辅助材料和黏结剂进行混合加热,最终压制而成。这种材料因其独特的物理特性,如高硬度、大的摩擦系数、耐高温、耐冲击和耐耗等,而被广泛用于汽车的动力传递和制动系统,例如制作离合器和制动器的摩擦片。

在汽车工业中,石棉摩擦片主要用于离合器和制动器的制造。在离合器中,石棉摩擦片作为连接和切断动力的关键元件,能够吸收和传递发动机产生的扭矩,确保平稳地起步和换挡。而在制动器中,石棉摩擦片则是主要的制动元件,通过与制动盘或制动鼓的接触产生摩擦力,将汽车的动能转化为热能并散发出去,从而实现汽车的减速和停车。

石棉摩擦片的优异性能使得它在汽车工业中占据了重要的地位。它的硬度高,能够提供稳定的摩擦力;摩擦系数大,能够有效地吸收和传递扭矩;耐高温性能好,能够在高温下保持其结构和性能的稳定性;耐冲击和耐耗,能够承受频繁的离合和制动操作而不易损坏。这些特性使得石棉摩擦片在汽车工业中具有广泛的应用前景。

(三)玻璃制品

1. 普通玻璃

(1)普通玻璃的概念与构成

①普通玻璃的基本概念

普通玻璃,也称为钠钙硅酸盐玻璃,是日常生活中最为常见的一种玻璃材料。它以其透明、平整且化学稳定性好的特点,在建筑、家居、汽车等多个领域都有广泛应用。尤其是在汽车领域,普通玻璃作为车窗、风挡等关键部件的材料,对于保证驾驶员和乘客的安全、舒适以及车辆的整体性能都至关重要。

从材料科学的角度来看,普通玻璃是一种非晶态固体,其原子结构呈现出短程有序、长程无序的特点。这种结构使得玻璃既具有固体的刚性,又具有一定的流动性,因此玻璃在加工过程中可以被塑形成各种形状。同时,玻璃还具有优良的透光性,能够让光线通过时发生折射、反射和透射等光学现象,从而满足人们对于透明和半透明材料的需求。

②普通玻璃的构成

普通玻璃主要由硅酸盐、氧化钠、氧化钙等成分构成。其中,硅酸盐是玻璃的主要网络形成体,它通过与氧原子形成四面体结构,构成了玻璃的基本骨架。氧化钠和氧化钙等碱性氧化物则作为网络修饰体,通过打断硅酸盐网络中的部分硅氧键,引入非桥氧原子,从而降低玻璃的聚合度,提高其熔制性能和加工性能。

具体来说,硅酸盐在玻璃中主要以硅氧四面体的形式存在。这些四面体通过共享氧原子的方式相互连接,形成了复杂的三维网络结构。这种结构使得玻璃具有了高度的稳定性和耐久性。同时,由于硅氧键的键能较高,因此玻璃还具有较高的硬度和耐磨性。

氧化钠和氧化钙等碱性氧化物的加入,可以有效地降低玻璃的熔制温度,改善玻璃的熔融性能。这些氧化物与硅酸盐网络中的部分硅氧键发生反应,生成了钠硅酸盐和钙硅酸盐等新的化合物。这些化合物在玻璃中起到了助熔剂的作用,使得玻璃在较低的温度下就能够熔化并流动。此外,碱性氧化物的加入还可以提高玻璃的折射率和透光性,使得玻璃更加透明和亮丽。

除了上述主要成分外,普通玻璃中还可能含有少量的氧化铝、氧化钾、氧化镁等氧化物。这些氧化物在玻璃中起到了辅助网络形成体或网络修饰体的作用,对于调节玻璃的性能和稳定性也具有一定的贡献。

③普通玻璃的性能特点

光学性能:普通玻璃具有优良的透光性,可以让光线通过时发生折射、反射和透射等光学现象。这使得玻璃在建筑、家居等领域中广泛应用于窗户、隔断等需要采光的场所。同时,普通玻璃还具有一定的遮阳性能,可以有效地阻挡紫外线的透过,保护室内人员和物品免受紫外线的伤害。

力学性能:普通玻璃具有较高的强度和硬度,可以承受一定的冲击和压力而不易破碎。这使得玻璃在汽车、建筑等领域中作为结构材料使用时具有一定的安全性。同时,玻璃的耐磨性也较好,不易被划伤或磨损。

热学性能:普通玻璃的热稳定性较好,可以在一定的温度范围内保持其形状和尺寸的稳定。这使得玻璃在高温环境下使用时不易发生变形或破裂。同时,玻璃的导热性较低,可以起到一定的保温作用。

化学性能:普通玻璃的化学稳定性较好,可以抵抗大多数酸、碱、盐等化学物质的侵蚀。这使得玻璃在化学实验室、医药等领域中具有一定的应用价值。同时,玻璃的表面光滑且不易吸附杂质,易于清洁和维护。

(2)普通玻璃的作用

玻璃,作为一种广泛应用的材料,在我们的日常生活中扮演着重要的角色。其中,普通玻璃以其独特的性能和广泛的应用领域,成为我们生活中不可或缺的一部分。

①建筑与装饰领域的应用

在建筑与装饰领域,普通玻璃发挥着举足轻重的作用。首先,作为一种透明的建筑材料,普通玻璃为建筑提供了良好的采光效果。无论是高楼大厦的幕墙,还是家居装饰的窗户,普通玻璃都能让光线充分穿透,使室内空间更加明亮、通透。这不仅提高了居住者的舒适度,还有助于节约能源,减少照明设备的使用。

其次,普通玻璃在建筑外观的塑造上也起到了关键作用。设计师们利用玻璃的透明、反射等特性,创造出各种独特的建筑造型和视觉效果。例如,通过巧妙地运用玻璃幕墙,可以使建筑呈现出轻盈、现代的美感;而通过玻璃与其他材料的组合,又能营造出丰富多彩的装饰效果。

此外,普通玻璃在建筑装饰中还具有一定的功能性作用。例如,隔音玻璃能够有效地隔绝室外噪声,为居住者提供一个安静的生活环境;而隔热玻璃则能够阻挡室外热量的传递,维持室内温度的稳定,从而提高建筑的节能性能。

②汽车领域的应用

在汽车领域,普通玻璃同样占据着重要的地位。一方面,汽车玻璃为驾驶员和乘客提供了清晰的视野。风挡玻璃和车窗玻璃的高质量透明性,确保了驾驶员在行驶过程中能够清晰地观察到道路和周围环境的情况,从而做出准确的判断和反应。这对于保证行车安全至关重要。另一方面,汽车玻璃还具有一定的防护作用。在发生交通事故时,玻璃能够阻挡外部的冲击和飞溅物,保护车内人员的安全。同时,一些特殊设计的汽车玻璃,如夹层玻璃和钢化玻璃,还能够在受到冲击时保持一定的完整性,防止玻璃碎片对车内人员造成二次伤害。此外,汽车玻璃还在提高车辆的舒适性和美观性方面发挥了作用。例如,带有遮阳膜的汽车玻璃能够有效地阻挡紫外线的侵入,降低车内温度和光照强度,为乘客提供更加舒适的乘车环境。而一些具有特殊色彩和图案的汽车玻璃,则能够为车辆增添独特的个性和美感。

③日常生活与其他领域的应用

除了建筑与装饰和汽车领域外,普通玻璃在日常生活中也有着广泛的应用。例如,在家居用品中,玻璃被用于制作各种器皿、餐具和装饰品,如玻璃杯、玻璃碗、玻璃花瓶等。这些玻璃制品不仅美观实用,而且易于清洁和维护。在医疗领域,普通玻璃也被用于制作各种医疗器械和容器,如注射器、试管、药瓶等。由于玻璃具有良好的化学稳定性和透明性,因此能够确保药品和生物样品的质量和可见性,为医疗诊断和治疗提供了便利。此外,普通玻璃还在科学研究和教育领域中发挥着重要作用。实验室中的各种玻璃仪器和设备,如显微镜、烧杯、量筒等,都是进行科学研究和实验的重要工具。而在教育领域,玻璃则被用于制作各种教学模型和展示品,帮助学生更好地理解和掌握科学知识。

2. 磨光玻璃

(1)磨光玻璃的基本概念

磨光玻璃,又称镜面玻璃或白片玻璃,是一种经过特殊加工处理的玻璃产品。其生产过程主要包括对平板玻璃进行机械研磨和抛光,从而使其表面达到平整、光滑且具有光泽的效果。磨光玻璃通常分为单面磨光和双面磨光两种类型,根据具体需求可以选择不同的加工方式。这种玻璃在透过性方面表现优异,不仅物像不变形,而且透光率大于84%,使得视线可以清晰无阻地穿透。

由于其独特的性能和优美的外观,磨光玻璃被广泛应用于各种高级建筑、大型门窗采光、橱窗或制镜等领域。然而,尽管磨光玻璃性能优越,但由于其加工过程相对复杂且耗时,因此价格相对较高。自浮法玻璃工艺出现后,磨光玻璃的用量已逐渐减少,但在某些特定场合和需求中,它仍然是一种不可替代的材料。

（2）磨光玻璃的构成

磨光玻璃的主要成分与普通玻璃相似,主要由硅酸盐、氧化钠、氧化钙等构成。然而,其独特之处在于经过机械研磨和抛光加工后的表面结构和光学性能。

表面结构:经过精细研磨和抛光,磨光玻璃的表面达到了极高的平整度和光滑度。这种表面结构不仅使得玻璃具有镜面般的光泽,还大大提高了其透光性能。同时,由于研磨和抛光过程中去除了表面的微小瑕疵和不平整,使得磨光玻璃在视觉上呈现出更加清晰、纯净的效果。

光学性能:磨光玻璃的优秀透光性和物像不变形特性主要得益于其优异的光学性能。当光线通过磨光玻璃时,由于其表面平整光滑,光线能够以极小的散射和折射角度穿透玻璃,从而保持了物像的清晰度和完整性。此外,高透光率还使得磨光玻璃在室内采光和节能方面具有显著优势。

化学稳定性:与普通玻璃一样,磨光玻璃也具有良好的化学稳定性。它能够抵抗大多数酸、碱、盐等化学物质的侵蚀,从而在各种恶劣环境下保持其性能和外观的稳定性。这种化学稳定性使得磨光玻璃在化学实验室、医药等领域中也具有一定的应用价值。

（3）磨光玻璃的生产工艺

①原料准备

原料准备是磨光玻璃生产的第一步,也是非常重要的一步。原料的质量和配比直接影响到最终产品的性能和外观。一般来说,磨光玻璃的主要原料包括石英砂、纯碱、石灰石等。这些原料在经过精确称量后,按照一定的比例混合在一起,为后续的熔制过程做好准备。

在原料准备过程中,还需要特别注意原料的粒度和水分含量。原料的粒度过大或过小都会影响熔制的效率和玻璃的质量。而水分含量过高则会导致熔制过程中产生大量的气泡,严重影响玻璃的性能。因此,在原料准备阶段,需要对原料进行严格的筛选和干燥处理,确保其符合生产要求。

②熔制

熔制是将准备好的原料在高温下熔化形成玻璃液的过程。这一步骤需要在高温熔炉中进行,温度通常高达 1 500 ℃以上。在高温作用下,原料中的各种成分发生化学反应,形成均匀的玻璃液。

在熔制过程中,还需要不断搅拌玻璃液以去除其中的气泡和杂质。气泡和杂质的存在会严重影响玻璃的透光性和机械强度。因此,熔制过程需要严格控制温度、搅拌速度和时间等参数,确保玻璃液的质量。

③成型

成型是将玻璃液通过特定的成型设备制成平板玻璃的过程。在成型过程中,玻璃液被连续地注入成型设备中,经过一系列的压制、拉伸和冷却等工序,最终形成具有一定厚度和形状的平板玻璃。

成型过程的控制对于玻璃的平整度、厚度均匀性和尺寸精度等性能至关重要。因此,在成型过程中需要严格控制玻璃液的流量、温度和成型设备的参数设置,确保生产出高质量的平板玻璃。

④退火

退火是对成型后的玻璃进行热处理的过程,目的是消除玻璃内部的应力和提高稳定性。在成型过程中,玻璃内部会产生一定的应力,如果不进行退火处理,这些应力会在后续加工或使用过程中导致玻璃破裂或变形。

退火过程需要在一定的温度和时间下进行,以确保玻璃内部的应力得到充分的释放。同时,退火过程还需要控制玻璃的冷却速度,避免过快或过慢的冷却速度对玻璃性能产生不良影响。

⑤加工

加工是磨光玻璃生产的最后一步,也是决定其最终性能和外观的关键步骤。加工过程主要包括机械研磨和抛光两个环节。

机械研磨是利用研磨设备对平板玻璃进行粗磨和精磨,以去除其表面的瑕疵和不平整。研磨过程中需要使用不同粒度的研磨料和水进行冷却和润滑,以确保研磨效果和质量。

抛光是在研磨的基础上对玻璃表面进行进一步的加工,以获得所需的平整度和光泽度。抛光过程通常使用抛光轮和抛光液进行,通过抛光轮的旋转和抛光液的化学作用,使玻璃表面达到镜面般的光泽。

加工过程需要高精度的设备和严格的操作控制。任何微小的误差都可能导致玻璃表面的不平整或光泽度不足。因此,在加工过程中需要对设备进行精确的调整和维护,同时对操作人员进行严格的培训和管理,确保生产出高质量的磨光玻璃。

（4）磨光玻璃的运用

①机械视窗与观察窗

磨光玻璃在机械领域中常被用作各种机械视窗和观察窗的材料。由于其高透明度和优异的光学性能，磨光玻璃能够提供清晰的视野，使得操作人员可以准确地观察到机械设备内部的运行情况和工件的加工过程。

在机械视窗的应用中，磨光玻璃的平整度和光泽度对于保证视野的清晰度和舒适度至关重要。通过精细的研磨和抛光工艺，磨光玻璃的表面能够达到极高的平整度和光滑度，有效避免了光的散射和折射，从而提供了更加清晰、真实的视觉效果。

此外，磨光玻璃还具有良好的耐磨性和抗划伤性，能够长时间保持其透明度和光泽度，不易受到机械摩擦和外部环境的影响。这一特点使得磨光玻璃在机械领域中具有较长的使用寿命和稳定的性能表现。

②精密测量与光学仪器

磨光玻璃在精密测量和光学仪器领域中也发挥着重要的作用。由于其高透明度和优异的光学性能，磨光玻璃常被用作各种测量仪器和光学仪器的关键部件，如光学镜头、棱镜、反射镜等。

在精密测量方面，磨光玻璃的高透明度和低光学畸变特性使得它能够提供准确的测量数据。例如，在光学比较仪中，磨光玻璃作为测量基准面，能够提供平整且光学性能稳定的测量平台，确保测量结果的准确性和可靠性。

在光学仪器方面，磨光玻璃的光学性能直接影响到仪器的性能和使用效果。通过采用高质量的磨光玻璃材料和精密的加工工艺，可以制造出具有高分辨率、高透光率和低光学畸变的光学仪器，为科学研究和工业生产提供有力的支持。

③机械保护与装饰

除了作为视窗和光学仪器的关键部件外，磨光玻璃在机械领域中还被广泛用于机械保护和装饰方面。由于其高透明度和优美的外观，磨光玻璃常被用作机械设备的保护罩和装饰面板。

在机械保护方面，磨光玻璃能够有效地隔离机械设备与外界环境，防止灰尘、水分等杂质进入机械内部，从而保护机械设备的正常运行和使用寿命。同时，磨光玻璃的高透明度还使得操作人员可以随时观察机械设备的运行情况，及时发现并处理潜在的问题。

在装饰方面，磨光玻璃以其独特的光泽度和透明度，为机械设备增添了现代感和科技感。通过采用不同的加工工艺和设计理念,可以创造出各种具有独特美感和实用性的磨光玻璃装饰面板,提升机械设备的整体形象和品质。

3. 钢化玻璃

(1)钢化玻璃的基本概念

钢化玻璃,又称为强化玻璃,是一种经过特殊热处理的玻璃产品。它的主要特点是通过控制加热和急速冷却的工艺过程,使玻璃表面形成压应力,而内部则产生相应的张应力,从而提高玻璃的强度和耐冲击性。

钢化玻璃与普通玻璃相比,具有更高的安全性和可靠性。它的强度是普通玻璃的数倍。此外,钢化玻璃还具有良好的热稳定性和光学性能,能够长期保持平整、透明,不易变形和变色。

(2)钢化玻璃的构成

①原料

钢化玻璃的主要原料与普通玻璃相似,主要由硅酸盐、氧化钠、氧化钙等化合物组成。这些原料在玻璃制造中起着至关重要的作用。硅酸盐是玻璃形成网络结构的基础,它赋予玻璃以强度和稳定性;氧化钠和氧化钙则作为网络修饰体,调整玻璃的黏度和光学性能。

在生产过程中,原料的选择和比例控制对最终产品的质量有着重要影响。为了确保钢化玻璃的性能和品质,生产厂家通常会对原料进行严格的筛选和检验,确保其纯度、粒度和化学成分符合生产要求。同时,精确的称量、混合和熔制工艺也是保证原料均匀分布和玻璃液质量的关键步骤。

②生产工艺

钢化玻璃的生产工艺主要包括加热、成型和急速冷却三个步骤。这些步骤相互关联,共同决定了钢化玻璃的最终性能。

加热。在这一阶段,玻璃液被加热到接近软化的温度,使其具有足够的可塑性。加热温度和时间的控制对于确保玻璃液均匀受热、避免局部过热和应力集中至关重要。同时,加热过程中还需要考虑炉内气体的控制,以防止玻璃液与炉气发生不良反应。

成型。在这一阶段,加热后的玻璃液通过成型设备制成所需的形状和尺寸。成型设备的精度和稳定性对于保证玻璃的形状精度和尺寸一致性具有重要意义。此外,成型过程中还需要考虑玻璃的冷却方式和速度,以避免因快速冷却而产生的应力和变形。

急速冷却。成型后的玻璃被迅速冷却,使其表面形成压应力,内部产生张应力,从而达到强化的目的。冷却速度的控制对于确保应力分布均匀、避免应力集中和微裂纹的产生至关重要。为了实现快速而均匀的冷却,生产厂家通常会采用风冷或液冷等先进的冷却技术。

在这个过程中,加热温度和冷却速度的控制至关重要。过高的加热温度可能导致玻璃液过度软化,甚至产生流淌现象,从而影响产品的形状和尺寸精度;过快的冷却速度则可能导致玻璃内部产生应力集中和微裂纹,从而影响其强度和使用寿命。因此,生产工艺的精确控制和优化是确保钢化玻璃质量的关键。为了实现生产工艺的精确控制和优化,现代钢化玻璃生产厂家通常会采用先进的自动化控制系统和智能化生产技术。这些技术和系统能够实时监测和调整生产过程中的温度、速度、压力等关键参数,确保产品的质量和稳定性。

③加工处理

除了原料和生产工艺外,加工处理也是钢化玻璃构成中不可或缺的一部分。由于钢化玻璃具有较高的强度和硬度,传统的切割、钻孔等加工方式往往难以适用。因此,在钢化玻璃的加工过程中需要采用一些特殊的处理方法。

切割。为了确保切割精度和效率,生产厂家通常会采用激光切割、水刀切割等先进技术。这些技术能够实现高精度、高速度的切割,同时避免产生过多的热量和应力集中。

钻孔。在钻孔过程中,需要考虑孔的位置、大小、深度等因素,以确保产品的使用效果和安全性。为了防止钻孔过程中产生裂纹和破损,生产厂家通常会采用一些特殊的钻孔工艺和设备。

(3)钢化玻璃的特点

钢化玻璃作为现代工业与日常生活中不可或缺的材料,其性能特点赋予了它广泛的应用领域和不可替代的地位。下面将详细阐述钢化玻璃在强度、热稳定性、光学性能以及安全性等方面的突出表现。

①高强度和耐冲击性

钢化玻璃的高强度和耐冲击性是其显著的特点之一。通过特殊的热处理工艺,玻璃表面形成了高压缩应力层,而内部则产生了相应的拉抻应力。这种应力分布使得钢化玻璃在受到外力冲击时,能够迅速将冲击力分散到整个玻璃板面,从而有效防止了玻璃的破碎和飞溅。

与普通玻璃相比,钢化玻璃的抗冲击强度提高了数倍。这意味着在相同的外力作用下,钢化玻璃更不容易破裂。这种高强度和耐冲击性使得钢化玻璃在建筑、家居、汽车等领域得到了广泛应用,有效提升了产品的安全性和可靠性。

②良好的热稳定性

热稳定性是钢化玻璃的另一个重要特点。由于钢化玻璃在生产过程中经历了急速的加热和冷却过程,其内部结构发生了根本性的变化,使得玻璃具有较高的耐热性和耐寒性。

在高温环境下,钢化玻璃能够保持较好的刚性和稳定性,不易发生变形和软化。这使得它能够在高温炉膛、烤箱等极端环境中长时间使用而不受损。同时,在低温环境下,钢化玻璃也能保持较好的韧性和强度,不易发生脆化和开裂。这种良好的热稳定性使得钢化玻璃在各种复杂的气候和温度条件下都能保持优异的表现。

③优异的光学性能

钢化玻璃还具有优异的光学性能,主要表现在其高透光性和低光学畸变上。由于生产过程中对原料的精确控制和加工工艺的优化,钢化玻璃的透光率极高,能够保持清晰、透明的视觉效果。同时,其表面平整度也非常高,不易产生光学畸变和视觉疲劳。

这种优异的光学性能使得钢化玻璃在光学仪器、高端显示设备等领域得到了广泛应用。例如,在摄影镜头、望远镜等光学仪器中,钢化玻璃能够提供高质量的光学通路,确保成像的清晰度和准确性。在高端显示设备中,如智能手机、平板电脑等,钢化玻璃作为保护屏幕的重要材料,不仅能够提供极佳的视觉效果,还能有效防止屏幕划伤和破裂。

④安全性高

安全性是钢化玻璃最受关注的特点之一。由于其特殊的应力分布和破碎方式,钢化玻璃在受到外力冲击时不易破碎,即使破碎也不会形成尖锐的碎片,而是呈现出无锐角的小颗粒状。这种破碎方式大大降低了对人体的伤害风险,使得钢化玻璃在安全性要求极高的场合得到了广泛应用。

此外,钢化玻璃的表面经过特殊处理,如镀膜、印刷等,不仅提升了其美观性,还增强了其抗划伤、抗污染等性能。同时,这些表面处理还能有效防止细菌和病毒的滋生,为人们的健康提供了有力保障。

（4）钢化玻璃在机械领域中的运用

①机械设备视窗与防护罩

在机械设备中,钢化玻璃常被用作视窗和防护罩的材料。由于其高强度和耐冲击性,它能够有效保护操作者免受机械内部可能产生的飞溅、碎片或液体的伤害。同时,钢化玻璃的透明性使得操作者可以清晰地观察到机械内部的运行状况,确保操作的安全性和准确性。在化工、医药等行业的反应釜、离心机等设备中,经常可以看到钢化玻璃被制成观察窗。此外,在一些需要经常清洁和消毒的机械设备中,如食品、医疗行业的生产设备,钢化玻璃也因其光滑的表面和耐化学腐蚀的性能而受到青睐。

②仪器仪表表盘与面板

在仪器仪表领域,钢化玻璃也发挥着重要作用。由于其优良的透明性和平整度,它常被用作仪表盘和面板的材料。在汽车、船舶、飞机等交通工具的仪表盘上,钢化玻璃不仅可以提供清晰的读数视野,还能增强整个仪表盘的美观性和现代感。同时,钢化玻璃的耐温差性能使得它能够在极端的温度条件下保持稳定,确保仪表的准确性和可靠性。此外,在一些精密的科学仪器和测量设备中,如光谱仪、显微镜等,钢化玻璃也常被用作透镜或窗口材料,为这些高精尖的仪器提供高质量的光学图像和数据。

③建筑机械与装饰材料

在建筑机械领域,由于工作环境的特殊性,对于材料的选择有着极高的要求。钢化玻璃以其高强度、耐磨损、耐温差等特点,成为建筑机械中不可或缺的材料。在挖掘机、装载机等重型设备的驾驶室窗户中,钢化玻璃能够有效抵抗作业过程中可能遇到的飞溅石块、沙粒等物质的冲击,保护驾驶员的安全。同时,在建筑装饰领域,钢化玻璃也因其美观性和实用性而受到广泛欢迎。它不仅可以作为隔断、幕墙等装饰材料使用,还可以用于制作楼梯扶手、栏杆等,其透明性和现代感使得整个空间更加通透和时尚。

④机械设备的显示与触控面板

随着科技的发展,越来越多的机械设备开始采用数字化的显示和触控面板。钢化玻璃在这些面板中扮演着重要角色。由于其高透明度和优异的表面平整度,钢化玻璃能够提供清晰、无失真的显示效果。同时,其高强度和耐磨损性使得触控面板在长期使用过程中不易受损,保持稳定的触控性能。此外,钢化玻璃还具有良好的导电性能,可以与触控传感器完美结合,实现精准、灵敏的触控操作。

⑤特殊机械部件的制造

在一些特殊的机械部件制造中,如光学仪器、精密机械等,对于材料的透光性、稳定性、耐磨性等方面有着极高的要求。钢化玻璃通过特殊的热处理工艺,内部形成预应力结构,大大提高了玻璃的强度和稳定性。同时,其优异的透光性能使得它成为制造光学仪器和精密机械部件的理想材料。此外,钢化玻璃还可以通过镀膜、印刷等工艺进行表面处理,以满足不同部件的特殊需求。

4.区域钢化玻璃

(1)区域钢化玻璃的概念

区域钢化玻璃,顾名思义,是一种在特定区域内进行钢化处理的玻璃。这种玻璃在制造过程中,通过精确控制温度和冷却速率,使得玻璃在特定区域内形成预应力结构,从而提高该区域的强度和耐冲击性。与传统的全面钢化玻璃相比,区域钢化玻璃更加灵活,能够根据实际需求对玻璃的不同区域进行不同程度的钢化处理,以满足特定应用场景下的性能要求。

(2)区域钢化玻璃的构成

①基底材料

区域钢化玻璃主要是由高质量的浮法玻璃或平板玻璃制成。这些玻璃以其优良的透明性、平整度和化学稳定性,成为制作区域钢化玻璃的理想基底材料。

浮法玻璃,作为一种广泛应用的玻璃制造工艺,其特点在于生产过程中玻璃浮在熔融锡液上,通过控制温度和拉引速度,使得玻璃带在退火窑中缓慢冷却,从而获得优异的平整度和光学性能。而平板玻璃则是通过传统的平板玻璃生产工艺制造而成,具有较为均匀的厚度和良好的透光性。

在选用基底材料时,需要严格控制其成分和制造工艺。玻璃的化学成分直接影响到其物理性能和化学稳定性。一般来说,浮法玻璃和平板玻璃的主要成分为二氧化硅、氧化钠、氧化钙等,通过调整这些成分的比例,可以获得具有不同性能的玻璃。同时,制造工艺的控制也是确保玻璃质量的关键。在生产过程中,需要精确控制温度、拉引速度、退火时间等参数,以保证玻璃带的平整度和光学性能。

此外,对于基底材料的质量要求还包括表面质量、内部缺陷等方面。表面质量直接影响到玻璃的观感和使用性能,因此要求玻璃表面平整,无气泡、无划痕等缺陷。内部缺陷则可能导致玻璃的力学性能下降或在使用过程中产生安全隐患,因此需要严格控制玻璃的内部质量。

②钢化处理层

区域钢化玻璃的核心部分是其钢化处理层。这一层是通过特殊的热处理工艺形成的,具有高强度和耐冲击性。在钢化处理过程中,玻璃被加热到接近软化点的温度,然后迅速冷却,从而在特定区域内形成预应力结构。这种预应力结构能够有效地抵抗外部力的作用,防止玻璃破裂。

钢化处理层的形成过程是一个复杂的物理和化学过程。在加热阶段,玻璃内部的应力得到释放,同时玻璃变得柔软可塑。在迅速冷却阶段,玻璃表面由于迅速收缩而形成压应力,而内部则形成张应力。这种应力分布使得玻璃在受到外力作用时能够有效地分散应力,从而提高其强度和耐冲击性。值得注意的是,区域钢化玻璃的钢化处理层并非均匀分布在整个玻璃表面上,而是根据实际需求,在特定区域内进行不同程度的钢化处理。

③功能性涂层

为了满足特定应用场景下的需求,区域钢化玻璃还可以添加各种功能性涂层。这些涂层不仅能够增强玻璃的功能性,还能够提高其美观性和使用寿命。

常见的功能性涂层包括防紫外线涂层、防雾涂层、自清洁涂层等。防紫外线涂层能够有效地阻挡紫外线的穿透,保护室内家具和人员免受紫外线的伤害。防雾涂层则能够在玻璃表面形成一层透明的导电膜,防止水雾在玻璃表面凝结,保持清晰的视线。自清洁涂层则利用光催化原理,在光照条件下分解玻璃表面的有机污染物,达到自清洁的效果。

在添加功能性涂层时,需要确保涂层与基底材料和钢化处理层之间的兼容性。涂层的附着力、硬度、耐磨性等性能都需要与基底材料和钢化处理层相匹配,以避免在使用过程中出现脱落、开裂等不良现象。同时,涂层的厚度和均匀性也需要严格控制,以保证其光学性能和使用寿命。

(3)区域钢化玻璃的特点与优势

①强度与安全性

区域钢化玻璃的首要特点,无疑是其卓越的强度和耐冲击性。这一特性的实现,归功于精确的钢化处理工艺。在制造过程中,玻璃被加热至特定的温度,然后迅速冷却,从而在特定区域内形成预应力结构。这种结构使得玻璃在受到外力作用时,能够有效地分散和抵抗应力,从而避免破裂。

与此同时,即使区域钢化玻璃在极端情况下发生破裂,其碎片也会呈现出无锐角的颗粒状,而非传统玻璃那样尖锐的碎片。这一特性大大降低了玻璃破裂时对人体的伤害,使得区域钢化玻璃在安全性方面具有显著优势。

此外,区域钢化玻璃的高强度还表现在其优异的耐风压性能上。在高层建筑和户外设施中,玻璃往往需要承受较大的风压。而区域钢化玻璃由于其高强度和稳定的预应力结构,能够有效地抵抗风压,保证建筑的稳定性和安全性。

②灵活性与定制性

区域钢化玻璃的另一大优势在于其高度的灵活性和定制性。传统的全面钢化玻璃往往只能提供单一的性能表现,而区域钢化玻璃则可以根据实际需求,在玻璃的不同区域进行不同程度的钢化处理。

这种灵活性使得区域钢化玻璃能够满足各种复杂和多变的应用场景。例如,在建筑设计中,设计师可以根据建筑的不同部位和功能需求,选择性地对玻璃进行区域钢化处理。这样既可以保证建筑的整体美观性,又能在关键部位提供额外的强度和安全性。

此外,区域钢化玻璃的定制性还表现在其可以与各种功能性涂层的结合上。通过添加防紫外线涂层、防雾涂层、自清洁涂层等功能性涂层,区域钢化玻璃可以进一步扩展其应用领域,满足更多特定需求。

③美观性与装饰性

除了强度和安全性外,区域钢化玻璃在美观性和装饰性方面也有着出色的表现。其透明性和光泽度使得它成为现代建筑和室内设计中的理想材料。无论是用于建筑的幕墙、窗户,还是用于家具的台面、隔断,区域钢化玻璃都能以其独特的美感和现代感,为空间增添一份时尚和品位。

同时,通过添加各种功能性涂层,区域钢化玻璃还可以呈现出丰富的色彩和纹理变化。这些涂层不仅可以增强玻璃的功能性,还能为其增添更多的装饰效果。例如,通过添加彩色涂层或图案涂层,区域钢化玻璃可以打造出独具特色的艺术效果,满足个性化装饰需求。

此外,区域钢化玻璃的美观性还体现在其与环境的和谐融合上。由于其高透明性和反射性,区域钢化玻璃能够有效地引入自然光和反射周围景色,使得室内外空间更加通透和开放。这种与环境的互动和融合,使得区域钢化玻璃在美学上达到了更高的境界。

(4)区域钢化玻璃在机械领域中的运用

区域钢化玻璃,作为一种经过特殊工艺处理的玻璃材料,在机械领域中具有广泛的应用。其独特的性质使得它在机械设备保护、操作安全性提升以及增强美观性等方面发挥着重要作用。

①区域钢化玻璃在机械设备保护中的应用

在机械设备中,一些关键部件往往需要额外的保护,以防止意外损坏或操作不当导致的伤害。区域钢化玻璃正是为了满足这一需求而设计的。通过在特定区域进行钢化处理,玻璃在该区域内具备了更高的强度和耐冲击性,能够有效地抵御外部力的作用,保护内部部件的完整性。例如,在挖掘机、装载机等重型机械中,驾驶室的窗户是一个关键的保护区域。使用区域钢化玻璃制成的窗户能够承受作业过程中产生的飞溅石块、沙粒等物质的冲击,有效防止窗户破裂,保护驾驶员的安全。同时,区域钢化玻璃还具备耐温差性能,能够在极端温度条件下保持稳定,避免因温度变化引起的形变或破裂。

此外,在一些需要经常清洁和消毒的机械设备中,如食品、医疗行业的生产设备,区域钢化玻璃也发挥着重要作用。它的光滑表面和耐化学腐蚀性能使得清洁更加容易,同时能够抵抗多种消毒剂的侵蚀,确保设备的卫生和安全。

②区域钢化玻璃在操作安全性提升中的应用

在机械操作过程中,操作员需要清晰地观察到机械内部的运行状况,以确保操作的安全性和准确性。区域钢化玻璃作为一种透明材料,能够提供良好的视野,使得操作员可以直观地观察到机械内部的工作情况。同时,区域钢化玻璃的高强度特性也增强了操作的安全性。在一些需要承受高压或高温的机械设备中,普通玻璃可能因无法承受极端的工作环境而破裂,从而引发安全事故。而区域钢化玻璃通过特殊的钢化处理,具备了更高的耐压和耐热性能,能够在恶劣的工作环境中保持稳定,有效防止破裂和泄漏等安全事故的发生。

此外,区域钢化玻璃还常用于制作机械设备的仪表盘和面板。由于其优良的透明性和平整度,操作员可以清晰地读取仪表盘上的指示信息,准确掌握机械的工作状态。这不仅提高了操作的便捷性,还有助于及时发现潜在的问题,确保机械的正常运行。

③区域钢化玻璃在增强机械设备美观性中的应用

除了保护功能和安全性能外,区域钢化玻璃还因其独特的透明性和现代感而被广泛应用于提升机械设备的美观性。通过巧妙的设计和合理的布局,区域钢化玻璃能够成为机械设备外观的亮点,赋予其更加时尚和现代的外观。

在建筑机械领域,区域钢化玻璃常被用作驾驶室的窗户、建筑幕墙等装饰材料。其透明性使得整个驾驶室更加通透,提供了宽敞明亮的视觉感受。同时,区域钢化玻璃的现代感和光泽度也为机械设备增添了独特的魅力。

在仪器仪表领域,区域钢化玻璃也被广泛应用于制作表盘和面板。其透明性和平整度使得仪表盘更加清晰易读,提高了操作员的使用体验。同时,区域钢化玻璃还可以通过镀膜、印刷等工艺进行表面处理,赋予仪表盘更加丰富的色彩和纹理,提升整体的美观性。

5. 夹层玻璃

(1)夹层玻璃的概念

夹层玻璃是一种复合型的玻璃制品,由两片或多片玻璃与一层或多层有机聚合物中间膜组成。这些组成部分在经过特殊的高温预压和高温高压工艺处理后,形成一个整体,具有很高的强度和稳定性。当夹层玻璃受到外力冲击时,中间膜能够吸收大量的冲击能量,从而防止玻璃破碎飞溅,保障人员和设备的安全。与传统的单片玻璃相比,夹层玻璃具有更高的安全性和功能性。它不仅能够有效地阻挡紫外线的穿透,保护室内家具和人员的健康,还能够隔绝噪声,提高居住和工作环境的舒适度。此外,夹层玻璃还具有良好的抗风压性能和防盗性能,能够满足不同场景下的使用需求。

(2)夹层玻璃的构成

夹层玻璃,作为现代建筑和汽车领域中常用的安全玻璃,其构成并不是简单的玻璃叠加,而是经过精心设计和加工的高技术产品。它的主要构成部分包括玻璃原片、中间膜以及将它们紧密结合在一起的加工工艺。

①玻璃原片

夹层玻璃的基础是玻璃原片,这些原片的质量直接决定了夹层玻璃的整体性能。玻璃原片可以采用多种类型的玻璃,如浮法玻璃、钢化玻璃、弯曲玻璃等,根据使用环境和需求的不同,可以选择具有特定厚度、强度、透光性等性能的玻璃原片。

浮法玻璃,以其平整度高、光学性能好、无气泡等特点,被广泛用作夹层玻璃的原片。它的生产过程是通过将熔融的玻璃液漂浮在熔融锡液上,利用重力和表面张力的作用,使玻璃液在逐渐冷却硬化的过程中形成平整的玻璃带。

弯曲玻璃则是为了满足建筑设计中的特殊需求而生产的。它可以通过热弯或冷弯工艺制成,使玻璃具有特定的曲率和形状,以适应建筑的曲线设计。

在选择玻璃原片时,除了考虑其性能外,还需要考虑其质量。优质的玻璃原片应具有均匀的厚度、良好的透光性、无气泡和杂质等缺陷。此外,为了保证夹层玻璃的安全性,玻璃原片还需要符合相关标准和规范的要求。

②中间膜

中间膜是夹层玻璃的核心部分,它是一种有机聚合物材料,具有良好的黏附性、透光性和抗冲击性能。中间膜的主要作用是将玻璃原片紧密地黏合在一起,形成一个整体,从而提高玻璃的强度和安全性。

常用的中间膜材料有聚乙烯醇缩丁醛(PVB)、乙烯–醋酸乙烯共聚物(EVA)等。这些材料在经过特殊的加工处理后,能够形成一层坚韧的透明薄膜,具有优异的抗冲击性能和黏附性能。

PVB膜是夹层玻璃中常用的中间膜材料之一。它具有良好的透光性、耐候性和抗冲击性能,能够有效地吸收冲击能量,防止玻璃破碎飞溅。此外,PVB膜还可以与玻璃原片形成良好的黏附,保证夹层玻璃的整体性。

EVA膜则是另一种常用的中间膜材料。它具有较高的透光性和耐候性,能够保持夹层玻璃的清晰度和稳定性。与PVB膜相比,EVA膜的黏附性稍弱,但其加工性能和成本方面具有优势。

在选择中间膜时,需要根据使用环境和需求进行综合考虑。例如,对于需要承受较大冲击力的场合,应选择具有优异抗冲击性能的PVB膜;而对于需要保持较高透光性的场合,可以选择具有较高透光性的EVA膜。

③加工工艺

夹层玻璃的加工工艺是将玻璃原片和中间膜紧密结合在一起的关键环节。加工工艺的好坏直接影响到夹层玻璃的质量和性能。

夹层玻璃的加工工艺主要包括清洗、合片、预压、高温高压处理等步骤。

对玻璃原片进行彻底的清洗,以去除表面的油污、灰尘等杂质,保证黏合的牢固性。清洗过程中需要使用专用的清洗剂和清洗设备,确保清洗效果符合要求。

合片环节,将清洗干净的玻璃原片与中间膜按照一定的顺序和位置进行合片。合片时需要保证玻璃原片和中间膜的平整度和对齐度,避免出现气泡和褶皱等缺陷。

预压处理,将合片后的夹层结构放入预压机中进行预压处理。预压的目的是排出内部的空气和水分,提高黏合的紧密性。预压过程中需要控制压力和时间等参数,确保预压效果符合要求。

高温高压处理,将预压后的夹层结构放入高温高压釜中进行最终的处理。在高温高压的作用下,玻璃原片和中间膜之间形成永久的黏合。高温高压处理过程中需要控制温度、压力和时间等参数,确保处理效果符合要求。

(3)夹层玻璃的特点与优势

①安全性高

夹层玻璃的最显著特点就是其卓越的安全性。传统的单片玻璃在受到外力冲击时,很容易破碎并产生飞溅的碎片,对人员和设备的安全构成严重威胁。而夹层玻璃由于其中间膜的存在,即使玻璃破裂,碎片也会被牢牢地黏附在中间膜上,不会四处飞溅。这种特性使得夹层玻璃在安全性方面具有显著的优势。

中间膜在夹层玻璃中扮演着至关重要的角色。它是一种坚韧而富有弹性的材料,能够有效地吸收冲击能量,并将之分散到整个玻璃面上。当夹层玻璃受到外力冲击时,中间膜会迅速变形并吸收大部分能量,从而显著降低玻璃的破损风险。即使玻璃出现裂纹或破洞,中间膜也能保持玻璃的完整性,防止碎片散落。

这种高安全性使得夹层玻璃在建筑领域得到了广泛应用。无论是高楼大厦的外墙、楼梯扶手,还是室内隔断、门窗等,夹层玻璃都能有效地提供安全防护。在汽车领域,夹层玻璃也被广泛用于风挡和侧窗等部位,以保障乘车人员的安全。即使在极端情况下发生碰撞或翻滚,夹层玻璃也能保持其完整性,为乘车人员提供宝贵的逃生时间。

②隔音效果好

除了高安全性外,夹层玻璃还具有优异的隔音效果。现代城市中,噪声污染已经成为一个不可忽视的问题。无论是交通噪声、工业噪声还是生活噪声,都对人们的居住和工作环境造成了严重的影响。而夹层玻璃的出现,为解决这个问题提供了一种有效的手段。

夹层玻璃的中间膜具有优异的隔音性能。它能够有效地隔绝噪声的传播,降低噪声对室内环境的影响。这是因为中间膜具有一定的弹性和阻尼性能,能够吸收和分散声波的能量,从而减少噪声的传递。

与传统的单片玻璃相比,夹层玻璃在隔音方面具有明显的优势。实验数据表明,使用夹层玻璃可以有效地降低噪声水平,提高居住和工作环境的舒适度。对于城市中高层建筑、机场附近建筑等噪声污染严重的场所来说,夹层玻璃的应用无疑是一种理想的选择。

③防紫外线性能强

夹层玻璃的另一个显著特点是其出色的防紫外线性能。紫外线是一种具有强烈辐射能量的光线,长时间暴露在紫外线下会对人体和物品造成损害。而夹层玻璃的中间膜能够有效地阻挡紫外线的穿透,保护室内家具和人员的健康。

中间膜在防紫外线方面发挥着关键作用。它采用特殊的材料和工艺制成,能够吸收或反射大部分紫外线,从而减少紫外线的透过率。这种特性使得夹层玻璃在博物馆、展览馆等需要保护文物和展品的场所中得到了广泛应用。通过使用夹层玻璃,可以有效地防止紫外线对文物和展品的损害,延长其保存时间和展示效果。

④美观大方

夹层玻璃具有良好的透光性和平整度,能够保持建筑物外观的美观大方。与传统的单片玻璃相比,夹层玻璃在视觉上更加清晰、明亮,为建筑物增添了现代感和时尚感。

同时,中间膜的加入还可以为玻璃增添更多的色彩和纹理选择。通过调整中间膜的颜色、厚度和纹理等参数,可以创造出丰富多彩的视觉效果,满足个性化装饰需求。这种灵活性使得夹层玻璃在建筑装饰领域具有广泛的应用前景。

(4)夹层玻璃在汽车机械领域中的运用

①汽车风挡玻璃的应用

汽车风挡玻璃是汽车的重要组成部分,它不仅要承受高速行驶时的风压和冲击力,还要保证驾驶员的视野清晰。因此,汽车风挡玻璃的性能要求非常高。夹层玻璃因其具有高安全性、高透光性和防紫外线性能等特点,被广泛应用于汽车风挡玻璃。

夹层玻璃的高安全性体现在其受到外力冲击时,能够保持整体的完整性,防止玻璃破碎飞溅,从而有效地保护驾驶员和乘客的安全。同时,夹层玻璃的防紫外线性能可以有效地阻挡紫外线的穿透,保护驾驶员和乘客的皮肤和眼睛健康。此外,夹层玻璃的高透光性可以确保驾驶员在行驶过程中拥有清晰的视野,提高驾驶安全性。

②汽车侧窗和天窗的应用

侧窗和天窗在汽车中同样承担着重要的角色,它们不仅要提供良好的采光和通风效果,还要保证乘客的安全。

夹层玻璃在侧窗和天窗中的应用同样具有显著的优势。一方面,夹层玻璃的高安全性可以有效地防止侧窗和天窗在受到外力冲击时破碎飞溅,保护乘客的安全。另一方面,夹层玻璃的隔音效果好,可以有效地隔绝车外的噪声,提高乘坐舒适度。

③汽车后视镜的应用

汽车后视镜是驾驶员观察车后情况的重要工具,它的清晰度和视野范围直接影响到驾驶员的行车安全。夹层玻璃因其具有高透光性和平整度等特点,被广泛应用于汽车后视镜。

夹层玻璃的高透光性可以确保后视镜的视野清晰,使驾驶员能够准确地观察车后的情况。同时,夹层玻璃的平整度可以保证后视镜的反射效果,避免出现扭曲和变形等现象,提高驾驶员的判断准确性。此外,夹层玻璃还具有一定的防眩光性能,可以有效地减少夜间行车时对面车辆的远光灯对驾驶员的视线干扰,提高行车安全性。

④汽车玻璃幕墙和隔断的应用

随着汽车设计的不断创新,越来越多的汽车开始采用玻璃幕墙和隔断等设计元素,以提高汽车的美观性和豪华感。夹层玻璃因其具有美观大方、隔音效果好和防紫外线性能强等特点,在汽车玻璃幕墙和隔断中得到了广泛的应用。

夹层玻璃的美观大方可以提升汽车的整体外观形象,使汽车更加时尚和豪华。同时,夹层玻璃的隔音效果好可以有效地隔绝车外的噪声,为乘客提供更加宁静舒适的乘坐环境。

在汽车玻璃幕墙和隔断的设计中,夹层玻璃还可以与其他材料相结合,创造出更加丰富多彩的视觉效果。例如,可以与金属、木材等材质相结合,形成独特的装饰风格,满足个性化装饰需求。

参 考 文 献

[1]赵明欣,张搏,尹力,等.高职汽车专业基础课程思政改革探究——以《汽车机械基础》课程为例[J].时代汽车,2023,(22):71-73.

[2]赵明欣.任务驱动法在汽车机械基础课程教学中的实践分析[J].时代汽车,2023,(21):35-37.

[3]王鹏飞,刘敏,赵炬.面向高职院校课程思政与职业技能融合的教改研究——以《汽车机械基础》为例[J].时代汽车,2023,(16):72-74.

[4]陈志佳.汽车机械加工中数控技术运用分析[J].内燃机与配件,2023,(17):82-84.

[5]李超,祁玉红.高职院校课程思政背景下的汽车专业工匠精神培育研究——以汽车机械基础课程为例[J].中国教育技术装备,2023,(12):146-148.

[6]颜子杰.PDCA循环在混合式教学模式中的应用——以汽车机械基础课程为例[J].汽车测试报告,2023,(07):130-132.

[7]陈东锋.模拟教学方法在汽车维修教学中的运用——评《化工机械基础》[J].塑料工业,2022,50(10):189.

[8]佘占蛟,刘光清,吴泉成,等."汽车机械基础"课程思政教学设计与实践研究[J].南方农机,2022,53(11):195-198.

[9]范桂琴.基于行动导向法的《汽车机械基础》课程改革探究[J].内燃机与配件,2022,(02):253-246.

[10]张斌,刘艳军,杨洪振.机械基础在汽车专业教学中的改革与实践[J].时代汽车,2021,(19):45-46.

[11]宋明.行动导向教学法在汽车机械基础课程中的应用探索[J].汽车维护与修理,2021,(18):41-42.

[12]李强强,王胜,王登峰.基于模块化的混合式教学改革与实践——以"汽车机械基础"课程为例[J].南方农机,2021,52(15):172-175.

[13]谢少芳,卢晓春,李明惠.高职技术应用基础课程立体化教材建设实证研究——以汽车机械基础技术应用课程立体化教材建设为例[J].天津中德应

用技术大学学报,2021,(03):90-95.

[14]蒋晓琴,王金泰.基于行动导向教学的教学方法改革与探索——以汽车机械基础课程为例[J].辽宁高职学报,2021,23(01):36-40.

[15]林梅彬.基于UG的"汽车机械基础"课程教学改革探析[J].木工机床,2020,(03):35-38.

[16]刘剑桥.任务驱动法在汽车机械基础课程教学中的应用探究[J].产业与科技论坛,2020,19(14):143-144.

[17]王志强,肖健.研究基于高职汽车机械基础平台课程的学生创新能力的培养[J].时代汽车,2020,(13):74-75.

[18]曾龙,陈宁洁.仿真软件在中职《汽车机械基础》教学中的应用探讨[J].汽车维护与修理,2020,(04):22-24.

[19]夏勇.机械基础在汽车专业教学中的改革与实践[J].南方农机,2019,50(20):87.

[20]陈浩源,丁行海.谈《汽车机械基础》课程教学方法[J].农机使用与维修,2019,(04):79.

[21]陈锦,董文全,张泽英,等.汽车车身典型机械工程材料研究[J].汽车测试报告,2023,(17):91-93.

[22]罗宗平.汽车制造中机械焊接质量的提升策略研究[J].大众标准化,2023,(17):110-111+114.

[23]王超.机械自动化技术在汽车控制系统中的应用[J].汽车测试报告,2023,(17):37-39.

[24]蒋佳浩.数控加工技术在汽车机械模具加工制造中的应用分析[J].专用汽车,2023,(09):80-82.

[25]吴公平.机械自动化技术在汽车制造中的应用研究[J].汽车测试报告,2023,(16):29-31.

[26]程义.机械加工工艺对汽车零件精度影响及改进措施[J].汽车测试报告,2023,(15):4-6.

[27]李庆.汽车曲柄零件机械加工工艺方案优化[J].内燃机与配件,2023,(15):58-60.

[28]杜文超.汽车机械式变速器多目标可靠性优化设计[J].汽车测试报告,2023,(14):25-27.